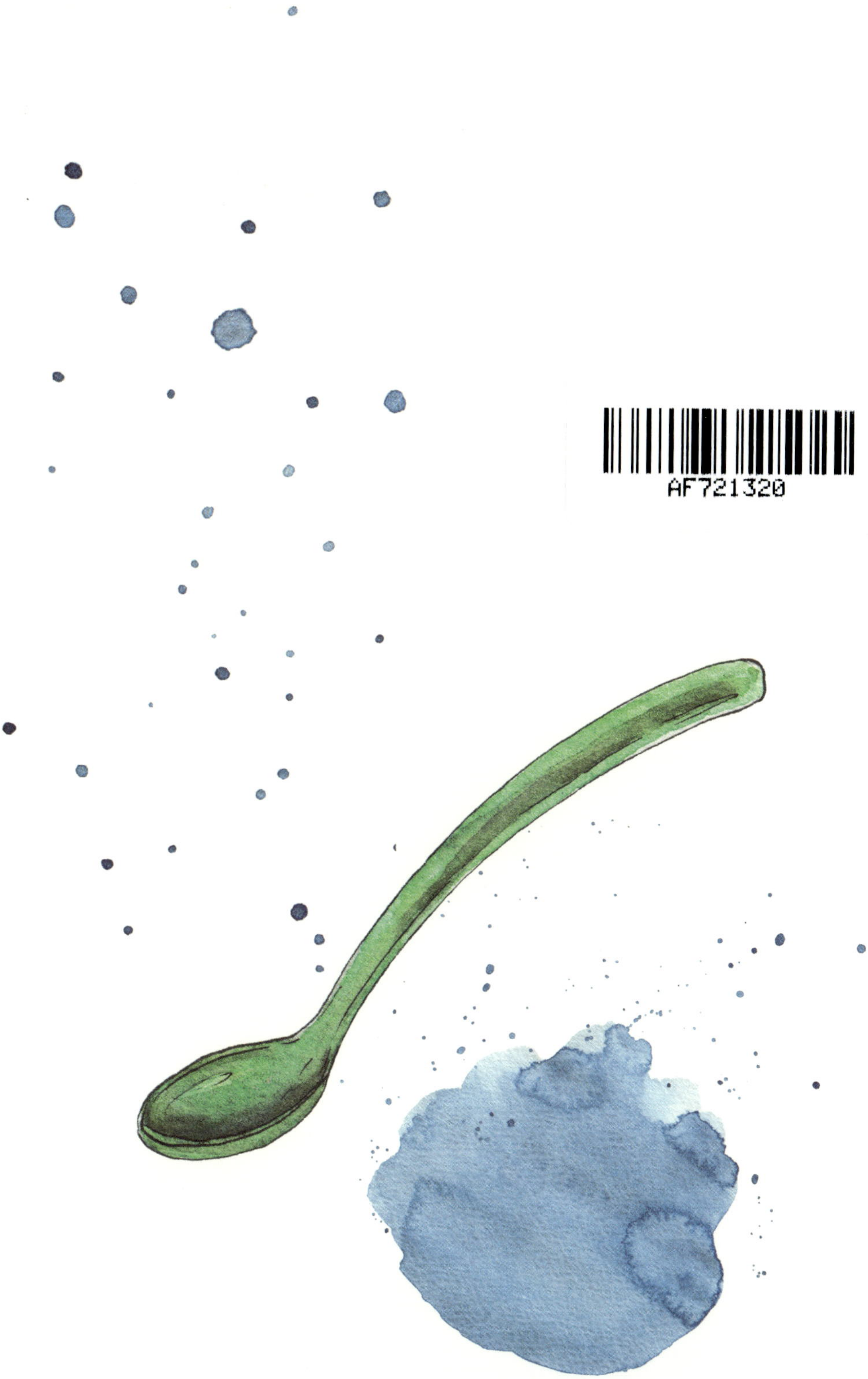

GESUNDES FÜR MEIN BABY

Nadja Mathis Ina Steden

GESUNDES FÜR MEIN BABY

Babybrei und Beikost
Die bunte Welt der ersten festen Nahrung

at VERLAG

Für Yuna
Liebe geht durch den Magen.

Hinweis
Die Informationen in diesem Buch sind nach bestem Wissen und Gewissen dargestellt und wurden mit großer Sorgfalt geprüft. Da sie den Rat einer kompetenten Fachperson nicht ersetzen, sondern lediglich ergänzen können, ist es in jedem Fall empfehlenswert, sich an die Ärztin, den Ernährungsberater oder die Mütter- und Väterberatungsstelle Ihres Vertrauens zu wenden. Autorin und Verlag übernehmen keinerlei Haftung für Schäden oder Folgen, die sich aus dem Gebrauch oder Missbrauch der hier vorgestellten Informationen ergeben.

2. Auflage, 2022

AT Verlag AG, Aarau und München
Illustrationen: Ina Steden, Zürich
Lektorat: Nicola Härms, Rheinbach
Grafische Gestaltung und Satz: AT Verlag AG
Druck und Bindearbeiten: Graspo CZ, a. s.
Printed in Czechia

ISBN 978-3-03902-117-8

www.at-verlag.ch

Der AT Verlag wird vom Bundesamt für Kultur
für die Jahre 2021–2024 unterstützt.

Inhaltsverzeichnis

JOGHURT
JOGHURT
NATURE

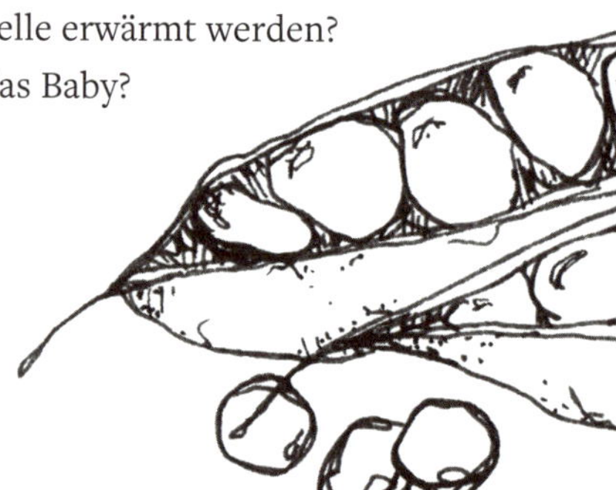

Bio
BIO

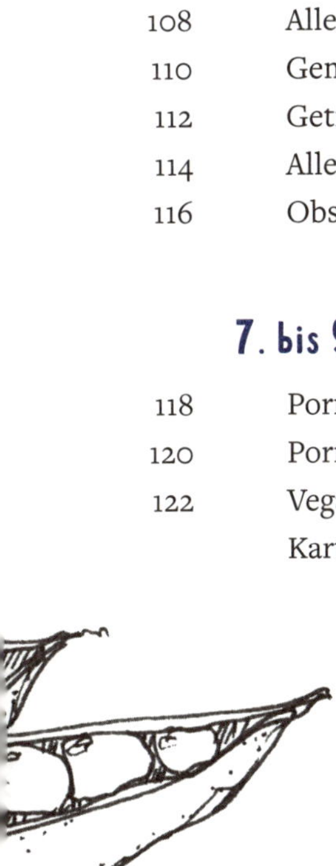

9. bis 12. Monat

Vorwort

Die Leidenschaft für gutes Essen wurde mir, im wahrsten Sinne des Wortes, von meinen Eltern in die Wiege gelegt. Bereits ab dem ersten Brei hat mich meine Mama mit ihren traditionellen koreanischen sowie mit kreativen »westlichen« Leckereien verwöhnt. Wir lebten während meiner Kindheit auf abgelegenen Inseln wie Mauritius oder Fidschi, wo ein kurzer Spaziergang zum Supermarkt, um fertigen Babybrei zu kaufen, nicht möglich war. Damals, vor genau einunddreißig Jahren, waren meine Eltern, hauptsächlich meine Mutter, daher mehr oder weniger gezwungen, meinen Brei täglich selbst aus frischen Zutaten zuzubereiten. Nicht nur die Einkaufsmöglichkeiten, auch die Auswahl an frischen Produkten auf diesen Inseln war damals noch ziemlich limitiert. Es gab nur das, was in der jeweiligen Zeit gerade geerntet wurde; importierte Frischware in guter Qualität war sehr schwierig zu bekommen. Und Bio gab's damals vermutlich noch gar nicht. Trotzdem gelang es meinen Eltern immer wieder, schmackhafte, gesunde Breie auf meinen Teller zu zaubern. Heute bin ich fest davon überzeugt, dass der Aufwand und die Liebe, die sie in die Zubereitung gesteckt haben, ebenso wie die Vielfalt der Geschmacksnoten, die sie mir geboten haben, meine Wertschätzung für gute und natürliche Lebensmittel geweckt und gestärkt haben.

So kam es, dass ich mich später selbst intensiv mit Ernährung, ihrer Zusammensetzung und ihren Inhaltsstoffen auseinandergesetzt habe. Ich entdeckte die Freude am Kochen, startete einen Instagram-Account und liebe es nach wie vor, an neuen Rezepten herumzutüfteln. Auch habe ich zwischenzeitlich für ein Food-Startup in der Schweiz gearbeitet und gesunde, saisonale Rezepte für die Firma mitentwickelt. Dabei stand für mich die Botschaft, dass Essen nicht nur sättigen muss, sondern auch glücklich machen soll, stets an erster Stelle.

Das Wichtigste für leckeres, genussvolles Essen sind in meinen Augen die sorgfältig ausgewählten frischen, saisonalen Zutaten und ein fröhliches, stressfreies Ambiente, das Lust auf das Essen macht. Als ich selbst nach rund fünf Monaten mit der Beikost für unsere Tochter anfangen wollte, stellten sich mir jedoch unzählige Fragen, zu deren Klärung ich mich jeweils an die Mütter- und Väterberatung in unserem Viertel und den Kinderarzt wenden sowie Internet und Bücher zurate ziehen musste. Dabei wurde mir klar, dass ich bei Weitem nicht die einzige Mama mit vielen Fragezeichen im Kopf war, sondern dass auch viele meiner Freundinnen sich oft dieselben Fragen stellten wie ich. So habe ich beschlossen, in diesem Buch nicht nur leckere und gesunde Rezeptideen festzuhalten, vielmehr sollen auch wertvolle Informationen von Gesundheitsexperten sowie Tipps und Tricks aus der eigenen Erfahrung das Buch bereichern. Damit steht dem Einstieg in die Beikost für dein Baby nichts mehr im Wege!

Einleitung

Frisch gebackene Mama

Vor rund einem Jahr kam unsere kleine Tochter Yuna auf die Welt und mit ihr die Vorfreude auf die Breizeit! Ich hatte mir nämlich schon Monate zuvor Brei-Menüs ausgedacht und alles für die baldige Beikosteinführung sorgfältig vorbereitet. Lätzchen, Löffelchen, alles war schon da und wartete auf seinen Einsatz. Versteh mich nicht falsch: Das Stillen war unbeschreiblich schön, und ich genoss tagtäglich rund um die Uhr die vollkommene Nähe und innige Bindung zu meinem Baby, auch wenn es manchmal sehr anstrengend war. Ich konnte mir nichts Besseres vorstellen, als meine Tochter mit dem Wunder der Natur, der Muttermilch, vollumfänglich zu versorgen.

Als Yuna nach rund fünf Monaten das beikostfähige Alter erreicht hatte, kostete mich das langsame Abstillen – Vorfreude auf Brei hin oder her – dennoch große emotionale Überwindung. In diesen Wochen vergoss ich auch mal die eine oder andere Träne, denn die Vorstellung, dass meine kleine Tochter nie wieder in ihrem Leben eine so innige Bindung zu meinem Körper verspüren würde, machte mich irgendwie traurig. Völlig unerwartet kamen auch Schuldgefühle hoch. Ich fühlte mich schuldig, dass ich ihr das nahm, was für ihre Gesundheit zweifellos das Allerbeste war. Und ehrlich gesagt fand ich es auch einfach schade, dass die Produktion meiner kostbaren Muttermilch stillgelegt werden würde, sobald die Brust nicht mehr angeregt würde.

Nichtsdestotrotz war das Abstillen in meinem Fall nötig. Denn ich fing acht Monate nach der Geburt wieder an, in Teilzeit zu arbeiten, und ich hatte keine Lust, im stillen Kämmerlein Milch abzupumpen und sie danach im Kühlschrank, neben dem Quinoasalat der

Arbeitskollegin, kühl zu stellen. »Habt ihr denn keinen Stillraum?«, wurde ich öfter gefragt. Nein, das gibt es dort nicht, und ich wollte auch nicht riskieren, dass meine Kollegen und Kolleginnen oder, noch schlimmer, meine Schüler mich mitten in einer Abpumpaktion ertappten. Klar weiß ich, dass es vollkommen natürlich ist, dennoch birgt es auch etwas absolut Privates in sich. Selbst wenn es die größte Selbstverständlichkeit ist und alle Feministinnen in der Runde mich dafür verabscheuen werden, dass ich mich geweigert habe, meine Brüste zu zeigen, habe ich schweren Herzens beschlossen, Yuna vor meinem beruflichen Wiedereinstieg komplett abzustillen.

Öffentliches Stillen? Ja, unbedingt! Öffentliches Abpumpen? Nein, danke!

Solltest du die Möglichkeit haben, dein Baby trotz Berufstätigkeit weiterzustillen, würde ich dies auf jeden Fall empfehlen. Stille dein Kind, solange du willst und du es für richtig hältst. Du allein entscheidest darüber. Nicht dein Mann, nicht dein Chef, die Schwiegermama oder sonst irgendjemand. Es sind schließlich deine Brüste.

Muttermilch ist und bleibt zweifellos die beste Nahrung für dein Baby. So empfehlen zum Beispiel die Schweizerische Gesellschaft für Pädiatrie und die Schweizerische Gesellschaft für Ernährung (SGE) das ausschließliche Stillen während der ersten vier bis sechs Lebensmonate und die Einführung von Beikost zwischen dem fünften und siebten Lebensmonat. Die WHO empfiehlt sogar ausschließliches Stillen in den ersten sechs Monaten und eine Beikosteinführung erst ab dem siebten Lebensmonat.

Gründe für das Stillen: Die Muttermilch versorgt dein Baby mit allen wichtigen Nährstoffen, kann Allergien, Asthma und Infektionskrankheiten vorbeugen und stärkt zudem die Bindung zwischen dir und deinem Zwerg. Sie ist im wahrsten Sinne ein Wunder, denn sie passt sich nicht nur in der zur Verfügung stehenden Menge an, sondern wird auch in ihrer Zusammensetzung perfekt auf die Bedürfnisse deines Babys abgestimmt. Quasi maßgeschneidert also! Ein weiteres Plus: Solange du stillst, musst du dir nie Gedanken darüber machen, ob du für euren Spaziergang den Trinklernbecher oder genügend Snacks eingepackt hast. Das ist praktisch. Und schließlich sei noch erwähnt, dass das Stillen viele Kalorien verbrennt. Wenn man voll stillt, verbraucht das etwa so viele Kalorien wie zwei bis drei Stunden Joggen pro Tag! Wenn du also deine Schwangerschaftskilos schneller loswerden möchtest, lohnt es sich, wenn du dich für das Stillen entscheidest.

Jede Frau stillt unterschiedlich lange, aber eins ist klar: Du wirst dein Baby nicht ewig stillen können. In unseren Breiten endet das volle Stillen, also ohne Beikost, durchschnittlich in einem Alter zwischen 18 und 22 Wochen. Aus Erfahrung kann ich sagen, dass diese Monate wie im Flug vergehen. Wirklich! Umso mehr lohnt es sich, dass du dir schon frühzeitig Gedanken über die Einführung der Beikost machst. Wichtig zu wissen ist, dass die Einführung von Beikost nicht automatisch das Ende der Stillzeit bedeutet.

Der Brei-Fahrplan (Seite 35) hilft dir, dir einen Überblick zu verschaffen, wie die Monate vom vollen Stillen bis hin zum Essen am Familientisch aussehen könnten.

Babys sind Gourmets

In den ersten vier bis sechs Monaten braucht dein Baby nichts anderes als Muttermilch. Irgendwann wird es dir aber selbst signalisieren, dass es von der Milch allein nicht mehr satt wird. Spätestens jetzt solltest du dich mit dem Gedanken anfreunden, dass ihr bald gemeinsam in das Abenteuer »Brei« einsteigen werdet.

Nach monatelanger Flüssignahrung wird der erste Löffel Brei eine wahre Geschmacksexplosion auf der kleinen Zunge deines Babys bedeuten. Manche Babys können gar nicht genug davon bekommen, öffnen ihren Mund von allein, andere wiederum tun sich schwer mit neuen Geschmäckern und Konsistenzen. Sei also auf alles gefasst und keinesfalls enttäuscht, wenn dein Baby den ersten Brei verweigert. Die Umstellung auf Beikost erfordert Geduld und Zeit. Sollte dein Baby die Brust oder die Flasche verlangen, bringt es gar nichts, ihm krampfhaft den Brei in den Mund schaufeln zu wollen. Dann ist dein Kleines einfach noch nicht bereit für die »feste« Nahrung oder möchte das Gefühl von Geborgenheit an deiner Brust nicht missen. Lege daher bei Breiverweigerung eine Pause ein und versuche es nach ein paar Tagen erneut. Mit der Zeit wird dein Baby auf den Geschmack kommen und sich an die Nahrungsaufnahme über den Löffel gewöhnen. Freue dich also über die kleinen Erfolge und lobe dein Baby, auch wenn es nur einen halben Löffel heruntergeschluckt hat! Für Babys ist es eine enorme Umstellung, von einem Löffel zu essen. Gehe das Ganze locker und mit Humor an, sei nicht verkrampft oder gestresst, denn nur eine positive, entspannte Atmosphäre führt zum Erfolg.

Auch wir mussten bei Yuna zuerst lernen, dass das Essverhalten von Babys stark von ihrem momentanen Gemütszustand abhängt. Es war so, dass Yuna zu Beginn der Beikosteinführung alles aß. Sie war quasi ein »Allesfresser«; manchmal erinnerte sie uns sogar an einen Mähdrescher. Egal ob grün, orange oder braun, sie akzeptierte alles und schluckte es brav herunter. Doch plötzlich, wie aus dem Nichts, schlich sich eine sehr mühsame Phase ein, bei der sie zuerst den Mittagsbrei und später alle Breie komplett verweigerte. Letztendlich wollte sie außer Bananen, Brot, ihren geliebten Mais-Flips und der Folgemilch rein gar nichts mehr essen. Als unwissende Neu-Mama versuchte ich anfänglich alles, damit sie den Brei aß. Ich sang, tat so, als würde ich den Brei essen und lecker finden, ich bot ihr kleine Tanzeinlagen, machte mich sogar zum Affen. Das Ganze stellte sich jedoch als eher kontraproduktiv heraus. Je mehr ich versuchte, sie zu überlisten, desto wütender wurde sie. So habe ich die Übung nach etwa drei Tagen abgebrochen, und die kleine Diktatorin bekam schließlich das, was sie wollte: das Fläschchen oder eben Bananenstückchen und Brot. Diese Phase dauerte zum Glück nur ein paar Wochen, und weil Yuna stets munter, gesund und keineswegs untergewichtig war, machten wir uns keine allzu großen Sorgen.

Wichtig ist also, dass du dein Baby keinesfalls zwingst, etwas zu essen, was es nicht will. Vertraue darauf, dass es zu sich nehmen wird, was es braucht.

Positive Einstellung zum Essen lernen

Es scheint einleuchtend, dass man später im Leben sehr wahrscheinlich weniger Abneigung gegenüber neuem Essen zeigen wird, wenn man sich als Kleinkind bereits an die natürlichen, unveränderten Geschmäcker von einzelnen Lebensmitteln gewöhnt hat. Eigentlich beginnt ja die Nahrungszufuhr schon viel früher im Leben, nämlich über das Fruchtwasser im Mutterleib, welches schon etwa ab der 16. Schwangerschaftswoche vom Fetus geschluckt und resorbiert wird. Es trägt somit neben der Haupternährung via Plazenta/Nabelschnur zur Ernährung des Babys bei. Gegen Ende der Schwangerschaft erneuern sich das Fruchtwasser und dessen Zusammensetzung etwa alle drei Stunden komplett. Ein sehr praktischer und abwechslungsreicher Roomservice für deinen Bauchbewohner! Neben der Funktion als »Stoßdämpfer« trainiert das Fruchtwasser unter anderem auch den Schluckreflex und den Stoffwechsel deines Babys. Denn bis zur 37. Schwangerschaftswoche nimmt das Baby täglich bis zu einen halben Liter Fruchtwasser zu sich. Kaum zu glauben, aber dein Baby trinkt es – vor allem wenn du etwas Süßes gegessen hast – richtig gerne! Mitunter aus diesem Grund wird von Ärzten empfohlen, dass sich schwangere Frauen ausgewogen ernähren. Und das ist durchaus sinnvoll, denn du setzt, auch wenn es absurd klingen mag, schon im Mutterleib den Grundstein für die Geschmacksvorlieben deines Babys.

Ebenfalls spannend ist die Tatsache, dass das Fruchtwasser sowie die Muttermilch und die Folgemilch süßlich schmecken. Viele Babys haben gerade deswegen eine klare Vorliebe für den süßen Obstbrei am Nachmittag. Denn süß bedeutet Kalorien, und diese sind nun mal überlebensnotwendig.

Kaufen?

Die Idee zu diesem Buch ist entstanden, als ich, noch während meiner Schwangerschaft, im Supermarkt an der Kasse stand und eine Familie mit zwei Kleinkindern beobachtete, die kiloweise fertige Babybreie auf das Laufband lud. Ohne zu urteilen, wurde mir in diesem Moment bewusst, wie einfach und oftmals günstig es heute ist, Babybrei im Glas zu kaufen, und ich fragte mich, ob dies über die Jahre zur Normalität geworden ist. Kaufen alle nur noch Brei im Glas? Hat niemand mehr Lust oder Zeit, zu Hause einen frischen Brei zuzubereiten? Ist ein Brei im Glas quasi das Pendant zu einem Fertiggericht für Erwachsene? Werde ich später auch keine Zeit haben, für mein Baby zu kochen? All diese Fragen haben mich lange beschäftigt, denn plötzlich sah ich überall nur noch Babys, die mit dieser hellbraunen Fertigmasse gefüttert wurden.

Heute ist mir klar, dass ein Brei im Gläschen oder sogar ein Quetschie manchmal sehr praktisch sein können! Es ist mir nämlich schon einige Male passiert, dass ich im Eifer des Gefechts vergass, Zutaten für den Brei einzukaufen. Deshalb habe ich einen Notvorrat an Gläschen und Quetschies angelegt. Das finde ich auch bis zu einem gewissen Grad vollkommen sinnvoll, gerade wenn es schnell gehen muss oder man unterwegs ist und den frisch gemachten Brei zu Hause liegen gelassen hat. Wenn du also Breie im Gläschen oder einen Quetschie kaufst, lohnt es sich aber, die Zutaten genau zu studieren und die Breie zu wählen, die dem Alter deines Kindes entsprechen.

Selbermachen!

Nichtsdestotrotz ist Selbermachen besser, und so wollte ich ein Ideenbuch schaffen, das einfache und schnelle Rezepte zum Nachkochen sammelt. Alle Rezepte wurden selbstverständlich streng von meiner persönlichen Food-Kritikerin, Yuna, getestet. Den Zeitaufwand für die einzelnen Rezepte habe ich stark reduziert, sodass sich auch jene Eltern an die Rezepte wagen können, die wenig Zeit haben. Andererseits möchte ich mit den Rezepten zeigen, dass aus wenigen Zutaten bereits ein nahrhaftes, ausgewogenes und farblich frohes Essen für Babys entstehen kann. Denn wie sagt man so schön? Das Auge isst mit. Und dies gilt auch für die Kleinsten unter uns. Geräte und Küchenzubehör braucht es ebenfalls nur sehr wenige, wie zum Beispiel einen Topf und einen Stabmixer. Und damit du nicht dreimal am Tag in der Küche stehen musst, sind die Rezepte so konzipiert, dass du jeden Brei verdoppeln oder sogar verdreifachen und anschließend in passenden Behältern für den späteren Verzehr einfrieren kannst. Gegen Ende des ersten Lebensjahres werden die Rezepte spannender, vielfältiger in Optik und Geschmack und beschränken sich nicht mehr auf die breiige Konsistenz. So werden nebst den vielen Breirezepten später auch Menüs vorgeschlagen, die dem Alter deines Babys entsprechen.

Preisgünstig, frisch und umweltfreundlich

Wer bei einem Kochanlauf gleich mehrere Portionen zubereitet, spart dabei nicht nur Zeit, sondern auch Geld. Je kleiner die einzelnen Portionen aufgeteilt und aufbewahrt werden, desto weniger Foodwaste produzierst du. Ein Baby isst anfangs selten ein ganzes Glas Brei, und was übrig bleibt, landet im Mülleimer, denn du solltest einen Brei nicht noch mal aufwärmen, gerade dann nicht, wenn du mit dem Löffelchen im Babymund und wieder im Brei warst. Bakterien verbreiten sich schneller, wenn der Brei warm ist, weshalb du einen Brei, der nur halb gegessen wurde, immer wegwerfen (oder selber essen) solltest. Der Vorteil von selbst gekochtem Brei gegenüber gekauftem Brei liegt auf der Hand: Zum einen kannst du die Zutaten selbst auswählen und dosieren und kannst so auf eine abwechslungsreiche und ausgewogene Ernährung achten. Zum anderen kannst du selbst abschätzen, wie viel dein Baby pro Mahlzeit essen mag, und den selbst gekochten Brei optimal portionieren. Wenn dir außerdem der Umweltschutz am Herzen liegt, merkst du schnell, dass der Abfall reduziert werden kann, wenn du darauf verzichtest, täglich mehrmals Brei im Glas oder Plastik-Quetschies zu kaufen. Ein weiterer umweltbewusster Gedanke, der mir wichtig erscheint, ist die Tatsache, dass wir in Europa großartige Produkte haben und nicht immer importierte Überseeware einkaufen müssen. Hierfür habe ich einen Saisonkalender miteinbezogen (Seite 90). So siehst du auf einen Blick, welche Produkte zu welcher Jahreszeit geerntet und gekauft werden können. Interessierst du dich für die wichtigsten Nährstoffe der einzelnen Zutaten? Diese werden im Kapitel »Wissenswertes über die Lebensmittel« geschildert (Seite 53).

Bereit für Brei

Es geht los

Der Start in die Beikost ist für alle Beteiligten ein enorm wichtiger und sehr spannender Schritt. Dein Baby wird weiterhin vor allem an der Brust oder aus dem Fläschchen trinken. Die Beikost ergänzt die Mutter- oder Säuglingsmilch und liefert deinem Baby jene wichtigen Nährstoffe, die es zum Gedeihen braucht. Die Beikost ist erst nach der Einführung von tierischen Eiweißen vollwertig und kann ab dann die Muttermilch oder Säuglingsmilch komplett ersetzen. Getreide und Gemüse allein können den Nährstoffbedarf deines Babys nicht komplett decken.

Ziemlich sicher hat dein Baby mittlerweile einen erhöhten Energiebedarf, und damit dieser gedeckt werden kann, kommt jetzt gesundes und leckeres Essen ins Spiel. Dein Baby verbessert dabei

nicht nur seine Feinmotorik, sondern übt auch das Schlucken von fester Nahrung, und wenn die ersten Zähnchen da sind, wird auch das Kauen gelernt. Damit sich dein Baby in dieser Übergangszeit rundum wohlfühlt, ist eine ausgewogene Ernährung besonders wichtig.

Wie erkennst du, ob dein Baby bereit ist für die Beikost? Es kann ja noch nicht reden! Hier sind einige Anzeichen, die darauf hindeuten können, dass es bereit ist:

- Dein Baby kann seinen Kopf schon recht gut halten und eventuell mit ein wenig Unterstützung aufrecht sitzen.
- Dein Baby schaut mit großem Interesse zu, wie du mit Messer und Gabel isst. Seine Augen folgen deinem Besteck.
- Dein Baby schmatzt laut, wenn es dich essen sieht.
- Wenn der Breilöffel die Unterlippe deines Babys berührt, löst sich seine Zunge vom Gaumen.
- Du merkst, dass der Hunger deines Babys steigt. Die Abstände zwischen den Mahlzeiten werden kürzer oder es bekommt in der Nacht öfters Hunger, weil Milch allein jetzt nicht mehr reicht.
- Dein Baby öffnet vielleicht sogar seinen Mund, wenn du etwas isst.

Wie bei den meisten Dingen im Leben entwickeln sich auch die Bereitschaft und die Fähigkeit, vom Löffel zu essen, sehr individuell. Grundsätzlich empfehlen Kinderärztinnen und Kinderärzte sowie die Mütter- und Väterberatung und die Schweizerische Gesellschaft für Ernährung (SGE), die Beikost frühestens ab Beginn des fünften Monats (17. Lebenswoche) und spätestens ab Beginn des siebten Monats (26. Lebenswoche) langsam einzuführen.

Reihenfolge für die Einführung der Beikost

Nun ist es so weit, und dein Baby wird den ersten Löffel Brei probieren. Woher weißt du, mit welchem Brei du anfangen sollst? Dafür gibt es die sogenannten »Beikostpläne«. Sie helfen, dir einen Überblick darüber zu gewinnen, in welcher Reihenfolge die Breie eingeführt werden sollen. Bei uns in Mitteleuropa wird oft empfohlen, als ersten Brei mittags den Gemüsebrei einzuführen und erst in einem späteren Schritt den Abendbrei oder den süßen Früchtebrei.

Wenn Babys selbst bestimmen könnten, würden wahrscheinlich alle für Süßes stimmen. Und seien wir doch ehrlich: Auch uns Großen schmeckt ein Apfelmus besser als ein Pastinakenpüree, oder etwa nicht? Gleich erfährst du, warum es sinnvoll ist, mit dem Mittagsbrei anzufangen.

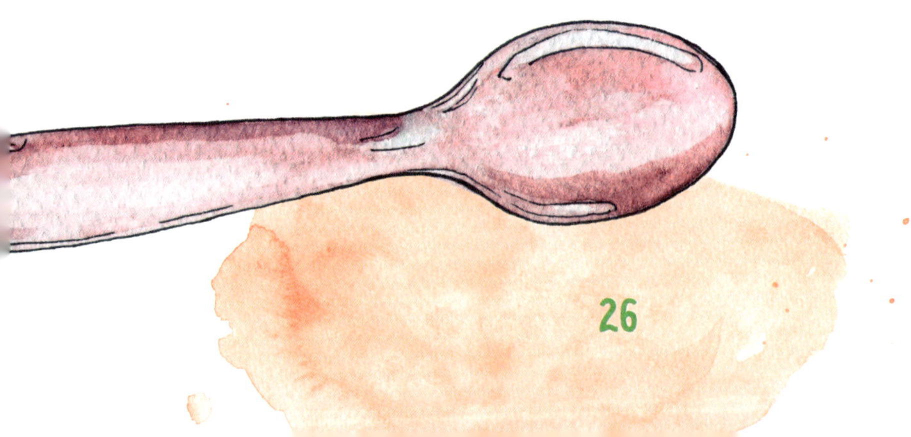

ERSTER SCHRITT: DER GEMÜSEBREI AM MITTAG

Zwischen 5. und 7. Monat

Am besten gelingt der Start, wenn du deinem Baby die ersten Löffelchen Brei direkt nach einer »unvollständigen« Milchmahlzeit gibst. Dann ist es bis zu einem gewissen Grad satt und wird nicht vor Hunger schreien. Weshalb solltest du aber genau mit dem Mittagsbrei anfangen und nicht zum Beispiel mit dem Milchbrei am Abend?

Gemüsebreie eignen sich für den Start besonders gut, weil

- sie viele wichtige Vitamine und Ballaststoffe enthalten.
- sie sehr selten Allergien auslösen und gut verträglich sind.
- sie mild im Geschmack sind und kaum Säure enthalten.
- sie langfristig, im Gegensatz zu süßem Obst, Übergewicht verhindern können.
- Babys, die sich zuerst an den Geschmack von Gemüse gewöhnen, später offener gegenüber anderen Gemüse- und Früchtesorten sind.

Beginne zuerst mit einer einzigen Gemüsesorte. Nach wenigen Tagen kannst du bereits Kartoffeln hinzufügen, nach einigen Wochen sogar Getreide, Fisch und Fleisch. Üblicherweise wird von Kinderärzten sowie von Mütter- und Väterberaterinnen als erstes Gemüse die Karotte empfohlen. Da sie aber leicht verstopfend wirkt, gibt es leckere Alternativen, die du für den ersten Brei ab dem fünften Monat verwenden kannst. Wissenswertes zu den Zutaten findest du ab Seite 53.

PERSÖNLICHER TIPP: Für Yuna haben wir als erste Gemüsesorten Kürbis und Zucchini gewählt, weil wir eine mögliche Verstopfung durch Karotten vermeiden wollten. Den ersten Brei bereitest du immer etwas flüssiger vor. Eine nicht zu feste Konsistenz erleichtert deinem Baby das Schlucken und ist sanfter für die Verdauung. Denk daran: Dein Baby bekam bisher immer nur Milch! Eine zu dickflüssige Konsistenz wird es höchstwahrscheinlich zum »Würgen« bringen. Dies ist völlig normal und passiert häufig beim ersten Breiversuch. Auch das Herausstoßen mit der Zunge ist ein normaler Reflex und bedeutet nicht, dass dein Baby den Brei nicht mag, sondern höchstens, dass es noch nicht bereit dafür ist. In diesem Fall würde ich noch einige Tage warten.

ZWEITER SCHRITT: DER GETREIDE-MILCHBREI AM ABEND

Etwa ein Monat nach der Einführung des Mittagsbreis

Wenn dein Baby seit einigen Wochen den Mittagsbrei genussvoll verschlingt, kannst du mit der nächsten Mahlzeit beginnen.

Als zweiter Brei wird der Abendbrei empfohlen, da der getreidehaltige Milchbrei dein Baby länger satt halten wird. Viele Eltern bestätigen, dass ihre Babys dadurch besser und länger geschlafen haben, andere wiederum können keinen Zusammenhang zwischen dem Sattsein und dem Schlaf finden. Denn auch hier verhält sich jedes Baby anders, und das Gefühl, satt zu sein, allein garantiert nicht, dass alle Babys besser schlafen. Vielleicht hast du ja Glück? Die Kombination von Milch und Getreide versorgt dein Baby außerdem mit wertvollen Kohlenhydraten, Kalzium und Eisen.

Wähle für den Abendbrei ein Getreide, welches vom Bäuchlein deines Babys gut vertragen wird. Eine genaue Beschreibung zu den einzelnen Getreidesorten findest du weiter hinten (Seite 56). Wärme für den Abendbrei etwa 200 ml Kuhmilch auf und rühre damit je nach Sorte 20–40 g Getreideflocken an, bis eine passende Konsistenz erreicht wird. Füge nach Bedarf mehr Flüssigkeit oder ein wenig (gekochtes) Obstpüree hinzu.

DRITTER SCHRITT: PURES OBSTPÜREE ODER OBST-GETREIDEBREI AM NACHMITTAG

Etwa sechs Wochen nach der Einführung des Mittagsbreis

Als kleinen Snack für zwischendurch kannst du jetzt ein wenig gedämpftes Obst pürieren. Wähle für den Anfang ein mildes Obst, etwa heimische Äpfel oder Birnen. Bananen sind ebenfalls beliebt bei Babys, wirken aber leider auch verstopfend. Deshalb würde ich die Banane für den Anfang weglassen und erst später einführen, wenn die Verdauung reibungslos abläuft und sich dein Baby an die neuen Mahlzeiten gewöhnt hat.
Auch wenn nicht sehr verbreitet, gibt es doch tatsächlich Babys, die den süß-sauren Geschmack von Obst nicht mögen und stattdessen eine Vorliebe für Gemüse zeigen. Sei also nicht verunsichert, wenn dein Baby den Obstbrei in hohem Bogen ausspuckt.

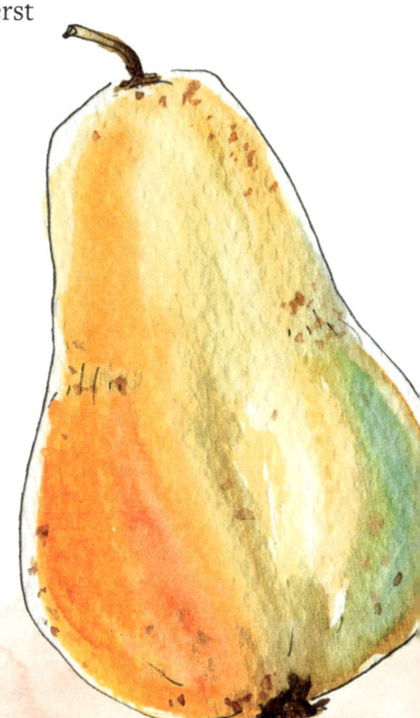

Sobald du die Nachmittags-Milchmahlzeit komplett durch ein Obstpüree ersetzt hast, wird es Zeit, dem Obstbrei Getreide beizufügen. Der Obst-Getreidebrei liefert viele Vitamine aus den Früchten sowie wertvolles Eisen aus dem Vollkorngetreide und hält dein Baby zudem bis zum Abendessen satt. Für eine komplette Mahlzeit rührst du etwa 20 g Getreide mit etwa 120 ml abgekochtem, warmem Wasser an und fügst 100 g Obstpüree hinzu. Vergiss dabei nicht, jeweils auch einen Teelöffel hochwertiges pflanzliches Öl dazuzugeben.

ÜBRIGENS: Sobald dein Baby drei volle Mahlzeiten verschlingt, solltest du ihm auch Getränke anbieten. Hierzulande kann problemlos kaltes Leitungswasser in einen dafür geeigneten Trinklernbecher gegeben werden. Achte darauf, dass du das Wasser zuerst wirklich kalt werden lässt und auf keinen Fall warmes Wasser aus der Leitung abfüllst. Warmes Leitungswasser kann Bakterien enthalten, die deinem Baby schaden können. Ungesüßter Tee ist ebenfalls sehr beliebt bei Babys. Dass du den Tee vorher auf Zimmertemperatur abkühlen lässt, versteht sich von selbst.

VIERTER SCHRITT: FRÜHSTÜCKS-PORRIDGE

Etwa zwei Monate nach der Einführung des Mittagsbreis

Die Einführung des Frühstücks-Porridges war ein absoluter Hit bei unserer Kleinen! Sie liebt Porridge immer noch in allen Variationen und würde am liebsten den ganzen Tag nichts anderes essen. Dein Baby ist nun zwischen sieben und neun Monate alt und wird nach der ersten Milchmahlzeit morgens im Laufe des Vormittags ein kleines Frühstück haben wollen. Wir haben uns für ein Porridge entschieden, da ich selbst sehr gern Porridge zum Frühstück esse. So muss ich nicht jeden Morgen zwei verschiedene Menüs zubereiten, sondern mache für uns beide dieselbe Porridge-Basis. Die Frühstücksmahlzeit kann bei dir selbstverständlich anders aussehen. Wenn bei deinem Baby schon die ersten Zähnchen sichtbar sind, darf es auch bereits kleine Brotstückchen mit Butter oder Margarine essen. Kleine Obst- und Gemüsewürfel sind ebenfalls beliebt und trainieren zusätzlich die Fingerfertigkeit deines Babys.

ÜBRIGENS: Achte darauf, dass die Obst- und Gemüsestückchen weich genug sind! Sie sollten zudem keinesfalls eine runde Form aufweisen. Wenn du zum Beispiel eine Heidelbeere anbieten möchtest, solltest du diese zuerst etwas zerdrücken oder halbieren, denn die kleine, runde Form hat mehr oder weniger den gleichen Durchmesser wie die Luftröhre deines Babys. Zudem ist es wichtig, dass Bewegung und Essen nicht gleichzeitig stattfinden sollten. Kann dein Baby schon krabbeln oder sogar laufen? Dann ist die Gefahr des Verschluckens um einiges höher, als wenn es still sitzt.

Utensilien für den Beikost-Start

Zum Glück benötigt man für die Einführung in die Beikost nur ein paar wenige, dafür wichtige Dinge:

- Kochtopf mit Deckel oder Dampfgarer
- Dämpfeinsatz aus Metall
- Unzerbrechliche Breischälchen aus Bambus oder Kunststoff
- Mehrere kleine, schmale, flache Babylöffel aus Kunststoff
- Pürierstab oder kleiner Mixer
- Lätzchen mit Ärmeln oder solche aus Silikon mit Auffangbecken (sehr empfehlenswert!)
- Kleine Behälter aus Glas oder Kunststoff zum Einfrieren und Aufbewahren im Kühlschrank

Heutzutage findest du für alles irgendein modernes Gerät oder anderen Schnickschnack. So ist es auch der Fall bei Brei. Wenn du mehr Geld ausgeben willst und genug Platz in deiner Küche hast, kannst du selbstverständlich in einen Babybrei-Kocher investieren. Die meisten Modelle funktionieren so, dass du im selben Behälter

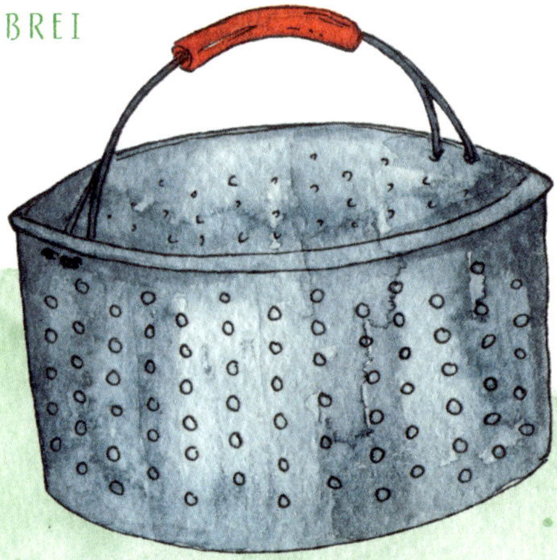

das Gemüse oder die Früchte erst garen und danach direkt pürieren kannst. Der Vorteil ist, dass du später nur einen Behälter putzen musst. Da wir kein solches Gerät haben, sieht die Vorbereitung bei uns an manchen Tagen folgendermaßen aus. Wir bringen die kleine Dame abends ins Bett und treffen uns danach in der Küche, um gemeinsam die Breie für die nächsten zwei bis drei Tage vorzubereiten. Mein Mann schält und schneidet, ich dämpfe, püriere und wasche ab. Teamwork vom Feinsten! Meistens bereiten wir den Mittagsbrei und auch noch das Obstpüree vor. Beides kannst du sehr gut im Voraus auf Vorrat zubereiten und in kleine Behälter abfüllen. Wenn du bei einem Kochanlass mehr als drei Portionen machen willst, kannst du die übrigen Portionen einfrieren.

Es gibt aber auch Breie, die sich wegen ihres Stärke- oder Milchgehalts nicht für die Zubereitung im Voraus eignen. Diese solltest du jeweils immer vor der entsprechenden Mahlzeit frisch zubereiten. Dazu gehören das Frühstücks-Porridge, der getreidehaltige Nachmittags-Obstbrei und der Milchbrei am Abend. Das Frühstücks-Porridge kannst du, wenn nötig, auch mal in einem Thermobecher warm transportieren, sofern es keine Kuhmilch enthält. Sobald aber Kuhmilch oder andere tierische Produkte im Spiel sind, sollte der Brei nicht über mehrere Stunden warmgehalten werden. Milchprodukte allgemein sind äußerst empfindliche Lebensmittel und können, wenn sie falsch gelagert werden, sehr schnell schlecht werden.

Fahrplan

Die Umstellung auf feste Nahrung geschieht nicht von heute auf morgen, sie dauert einige Monate. Lass dir und deinem Baby viel Zeit und überstürze nichts.

Auf Seite 36 findest du eine Übersicht darüber, wie die langsame Umstellung auf feste Nahrung aussehen könnte. Diese Tabelle soll keineswegs eine fixe Richtlinie sein, sondern lediglich eine Hilfe darstellen. Sie basiert auf den Empfehlungen verschiedener Quellen wie der Bundeszentrale für gesundheitliche Aufklärung (BZgA), Mütter- und Väterberatungsstellen, des Kinderarztes und auf unseren persönlichen Erfahrungen.

Natürlich kann diese Tabelle bei dir ganz anders aussehen! Ob du nach dem Mittagsbrei zuerst ein Obstpüree einführen möchtest und erst im dritten Schritt dann den Abendbrei, ist dir überlassen. Diese Reihenfolge wird von Experten hierzulande empfohlen, und so haben wir versucht, uns daran zu halten. Wären wir zur Zeit der Beikosteinführung zum Beispiel in Südkorea gewesen, sähe unser Plan mit großer Wahrscheinlichkeit ganz anders aus. Je nach Herkunft, aktuellem Wohnort oder persönlicher Präferenz wird dein Plan von diesem abweichen. Wichtig ist: keine Rohkost am Abend! Denn in der Nacht wird die Verdauung heruntergefahren.

Die Tabelle hier wird nur bis zum neunten Lebensmonat geführt. Nach dem vollendeten neunten Monat kannst du dein Baby nämlich langsam an festere, grobkörnige Kost vom Familientisch gewöhnen. Da dieser Übergang sehr individuell und unterschiedlich ausfällt, möchte ich hierzu keine fixe Empfehlung in Form einer Tabelle geben. Wie du aber den Rezepten entnehmen kannst, beginnt so oder so meist ab dem neunten Monat eine komplette Umstellung im Essverhalten deines Babys. Zum Frühstück wird es zum Beispiel statt Porridge etwas Brot mit Butter bekommen und dazu vielleicht einige Himbeeren oder weiche Birnenstückchen. Am Mittag wird dein Baby vermehrt ähnliches Essen haben wollen wie die Großen am Tisch und an manchen Tagen den Brei samt Löffelchen sogar wegschlagen (haben wir alles erlebt!). Nudeln mit Tomatensauce, Couscous mit Fisch und Gemüse oder Risotto mit Kürbis und Hackfleisch können ab jetzt auf dem Speiseplan stehen. Da die Bereitschaft für das Mitessen am Familientisch stark vom Kind abhängt, lohnt es sich, verschiedene Rezepte oder Fingerfood-Ideen auszu-

	NACH DEM AUFSTEHEN **05.00–07.00 Uhr**	FRÜHSTÜCK **9.30–10.00 Uhr**	MITTAG **12.00–12.30 Uhr**
4. MONAT	Milch	Milch	Milch
5. MONAT	Milch	Milch	Mittagsbrei
6. MONAT	Milch	Milch	Mittagsbrei
7. MONAT	Milch	Milch	Mittagsbrei
8. MONAT	Milch	Porridge	Mittagsbrei
9. MONAT	Milch	Porridge	Mittagsbrei

probieren, bis ihr euch eingespielt habt. Aus Erfahrung lohnt es sich zudem auch immer, ein »Notmenü« bereitzuhaben. So hatte ich jeweils eine Portion Gemüse-Kartoffel-Fleisch-Brei und gedünstetes Gemüse griffbereit. Wenn die Kleine dann bockig auf den Gemüserisotto reagierte, hatte ich schnell eine Alternative. An manchen Tagen musste auch mal die Flasche mit Folgemilch her.

NACHMITTAG **15.30 Uhr**	ABEND **17.30–18.00 Uhr**	VOR DEM SCHLAFENGEHEN **19.00–20.00 Uhr**	NACHTS
Milch	Milch	Milch	Milch
Milch	Milch	Milch	Milch
Milch	Getreide-Milchbrei	Milch	Milch
Obstpüree	Getreide-Milchbrei	Milch	Milch nach Bedarf
Obstpüree	Getreide-Milchbrei	Milch	Milch nach Bedarf
Obstpüree	Getreide-Milchbrei	Milch	Milch nach Bedarf

ÜBRIGENS: Yuna war total glücklich mit ihrem Brei-Fahrplan, bis der sechste Entwicklungsschub (etwa 34. Woche) begann und sie unsere gesamte Tagesstruktur über den Haufen warf. Sie verweigerte in dieser Zeit, und auch eine Zeit lang danach, den Mittagsbrei komplett, sodass wir ihr am Mittag eine Flasche Folgemilch anbieten mussten. Sei also nicht frustriert und zweifle keinesfalls an deiner (Koch-)Fähigkeit, wenn dein Baby plötzlich aggressiv (ja, sie war aggressiv) den Löffel wegschlägt und keine Lust auf Brei hat. Sei geduldig und versuche es am nächsten Tag erneut mit dem gleichen Brei. Wenn du Glück hast, wird diese Phase nur einige Tage andauern.

PERSÖNLICHER TIPP: Mit der Zeit wird dein Baby Interesse zeigen, das Essen – im wahrsten Sinne des Wortes – in die eigene Hand zu nehmen. Bereite deshalb etwa ab dem siebten Monat auch kleine gegarte Stückchen Gemüse oder Früchte vor. Auch weich gekochte Teigwaren eignen sich gut als erstes Fingerfood.

Tipps & Tricks für den reibungslosen Einstieg

Ist heute euer großer Tag? Beginnt ihr heute mit dem ersten Löffelchen Brei? Dann lohnt es sich, dass ihr euch optimal auf den großen Moment vorbereitet. Hier findest du zehn Punkte, welche dir und deinem Baby helfen können, den Einstieg zu meistern.

1 Setze dein Baby, wenn es schon selber aufrecht sitzen kann, in einen Hochstuhl und achte dabei darauf, dass seine Füße auf einer festen Unterlage abgestützt sind. Kann dein Baby noch nicht allein sitzen, solltest du es unbedingt auf den Schoß nehmen.

2 Binde deinem Baby ein Lätzchen um und sag ihm, dass es jetzt Zeit für Brei ist.

3 Stelle sicher, dass dein Baby weder müde noch schlecht gelaunt ist. Es sollte wach und gut gelaunt sein!

4 Wärme den Brei auf eine angenehme Temperatur auf (37 Grad oder lauwarm sind ideal), fülle ihn in ein Breischälchen um und setz dich vor oder neben dein Baby hin (es sei denn, das Baby sitzt auf deinem Schoß).

5 Erzähle deinem Baby, aus welchen leckeren Zutaten du den Brei zubereitet hast.

6 Nimm einen möglichst flachen, schmalen Kunststofflöffel (keinen Metalllöffel) und berühre mit dem gefüllten Löffel die Lippen deines Babys.

7 Öffne dabei deinen Mund und sag: »Aaaaaah«.

8 Wenn dein Baby einen Löffel Brei akzeptiert und heruntergeschluckt hat, sag: »Bravo!« Dein Baby wird sich über deine Euphorie freuen.

9 Sollte dein Baby immer nach dem Löffel greifen, kannst du ihm einen anderen Löffel zum Spielen in die Hand geben.

10 Dreht sich dein Baby vom Löffelchen weg oder sperrt es den Mund fest zu, ist das ein Zeichen, dass es genug hat. In diesem Fall solltest du es auf keinen Fall zwingen weiterzuessen.

Fingerfood

Etwa ein bis zwei Monate nach Einführung der Beikost kannst du deinem Baby, parallel zum Brei, Fingerfood anbieten. Diese Häppchen unterstützen es bei der Entdeckung von verschiedenen Konsistenzen und Geschmacksrichtungen. Zudem schult Fingerfood nebenbei die Sinne des Babys. Anschauen, mustern, drücken, kauen, lecken, greifen, lutschen, riechen, runterwerfen – alles gehört dazu, wenn dein Baby die ersten Erfahrungen mit Fingerfood macht. Tisch und Boden werden nach einer Fingerfood-Mahlzeit aussehen, als wäre etwas explodiert. Lasse deinem Baby die Freude am spielerischen Entdecken und mache dir keine Gedanken über die Flecken am Boden! Das Spielen mit dem Essen gehört dazu. Es ist ein äußerst wichtiger Schritt in der Entwicklung deines Babys und sollte auf keinen Fall gehemmt werden. Wenn du deinen schönen Parkettboden vor bleibenden Wasserschäden oder Flecken bewahren möchtest, gibt es eine Vielzahl an Unterlagen, die dafür gemacht

ERSTE FINGERFOOD-IDEEN ALS ERGÄNZUNG ZUM BREI:

- Weich gedünstetes Gemüse: Kohlrabi, Karotten, Pastinaken, Kartoffeln, Brokkoli oder Kürbis
- Ein wenig Käse in kleine Würfelchen geschnitten (milde Sorten wie junger Gouda, Butterkäse/Rahmkäse, Hüttenkäse oder auch Streichkäse)
- Rührei (ab dem neunten Monat)
- Mais- oder Reis-Flips für Babys
- Kleine, ungesalzene Reiswaffeln
- Harte Brotrinden zum Herumkauen oder kleine Brotstückchen mit Butter oder Margarine (achte darauf, dass das Brot keine Nüsse oder Samen enthält)

- Griffige Nudeln: Fusilli, Farfalle, Fettuccine
- Weiche Früchte: Birnen, Avocados, Aprikosen, Melonen, Bananen

- Gedünstetes Huhn und Fisch

sind, den Boden unter dem Hochstuhl zu schützen. Auch ist jetzt ein Ganzkörper- oder Ärmellätzchen sehr praktisch, es sei denn, du bist bereit, nach jeder Mahlzeit dein Baby einmal komplett umzuziehen.

Mit der Einführung von Fingerfood und festem Essen beschleicht viele Eltern auch ein mulmiges Gefühl. Eine der größten Ängste ist, dass ihr Baby sich am Essen verschlucken und ersticken könnte. Tatsächlich solltest du dein Baby beim Essen auf keinen Fall allein lassen. Die Erstickungsgefahr ist leider immer da, und gerade deshalb sollten Eltern auch die wichtigsten Notfallmaßnahmen kennen. Kind übers Knie, Kopf nach unten, mit der Handfläche kräftig auf den Rücken klopfen … du weißt schon. Am häufigsten passieren solche Notfälle mit Nahrungsmitteln wie Trauben, Nüssen, Äpfeln, Gurken oder rohen Karotten. Verzichte am besten auf diese Nahrungsmittel, bis dein Baby das Kauen perfekt meistert.

Grundsätzlich ist dein Baby bereit für Fingerfood, sobald es den Pinzettengriff beherrscht. Kann es mit dem Zeigefinger und Daumen kleine Dinge aufheben? Wenn ja, kannst du ihm kleine Stückchen weich gekochtes Gemüse, Nudeln oder gedünstete Früchte anbieten. Meistert dein Baby den Pinzettengriff noch nicht, kannst du ihm größere Stücke geben, die es mit der ganzen Faust fassen kann.

Wie viel Fingerfood dein Baby zum Essen bekommen soll, hängt von seinen individuellen Bedürfnissen ab. Manche Babys lieben Brei über alles und lassen sich gern füttern. Andere wiederum wollen unbedingt selbst mit den Händen vom Tisch essen. Manche Eltern verzichten sogar ganz auf Beikost, und das Baby wird so lange gestillt, bis es bereit für feste Nahrung ist. Diese sogenannte »Baby-led Weaning«-Methode (das bedeutet etwa: »Baby-gesteuertes Abstillen«) liegt momentan im Trend, ist jedoch umstritten und wird von vielen Experten nicht empfohlen. Genaueres über die BLW-Methode findest du auf Seite 96.

ÜBRIGENS: Habe ich schon erwähnt, dass Yuna eines Tages plötzlich keine Lust auf den Kürbis-Pastinaken-Brei mehr hatte, den ich ihr liebevoll zubereitet hatte? Zu ihrem (und meinem) Glück waren noch einige Stückchen gedünsteter Kürbis und Pastinake im Kühlschrank. Diese tischte ich ihr, in Würfelchen geschnitten, auf. Kurz darauf hatte sie alles weggeputzt.

Wenn du einen Brei vorbereitest, kannst du vor dem Pürieren einige Stückchen Gemüse oder Früchte aus dem Topf nehmen und separat aufbewahren. Diese Stückchen kannst du dann wunderbar als Fingerfood anbieten.

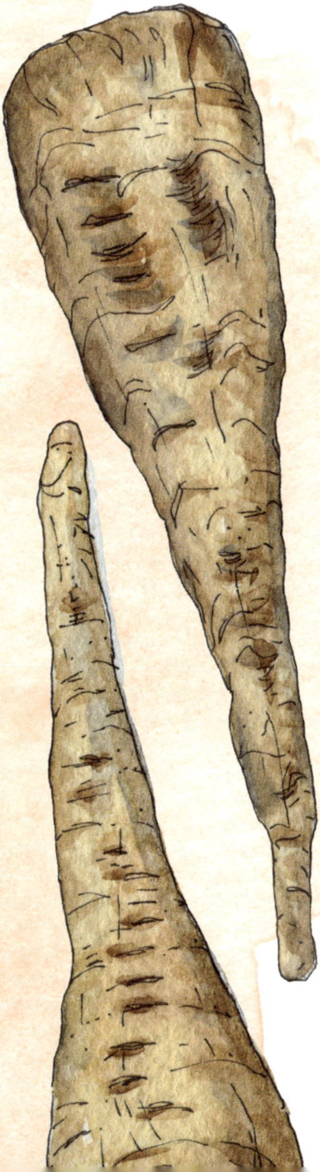

Essen für unterwegs

»Reisen war so einfach, als ich noch gestillt habe!« Diesen Satz wirst du hier nicht zum ersten – und auch nicht zum letzten – Mal lesen. In der Tat erfordert das Verlassen der eigenen vier Wände ab der Beikosteinführung einiges an Organisation. Du wirst hin und wieder, vor allem als Anfängerin, etwas Wichtiges wie etwa das Lätzchen zu Hause liegen lassen. Beim ersten Mal wirst du dich noch höllisch darüber aufregen und denken, du seist eine schlechte Mutter. Aber schon ab dem dritten vergessenen Lätzchen wirst du in aller Ruhe improvisieren oder halt dein Baby mal ohne Lätzchen essen lassen.

Was macht denn eigentlich das Reisen oder das Unterwegssein so schwierig? Man muss ja nur den Brei einpacken, oder? So einfach ist es eben doch nicht. Es gibt mehr zu beachten, und spätestens ab jetzt wird dein Gepäck so aussehen, als würdest du zwei Wochen in den Urlaub fahren. Dabei handelt es sich lediglich um einen Tagesausflug!

PERSÖNLICHER TIPP:

Wir haben eine kleine, rot-weiß karierte Stofftasche, welche wir ausschließlich für Yunas Essen benutzen. Alles, was für Yuna bestimmt ist, kommt in diese Tasche. Wenn alles beisammen ist, ist es wesentlich einfacher, das Notwendige zu finden – vor allem wenn es schnell gehen muss!

SO PLANST DU RICHTIG:

Erstens musst du wissen, wie lange du von zu Hause wegbleiben wirst. Betrifft dein Ausflug nur das Mittagessen? Oder auch den Nachmittagssnack und vielleicht sogar das Abendessen? Je mehr Mahlzeiten dein Baby außer Hause essen wird, desto komplizierter wird die Organisation für dich. Am besten führst du hierzu eine Liste mit den wichtigsten Sachen, damit du beim Packen nichts vergisst.

ÜBRIGENS:
Es lohnt sich auf jeden Fall, eine Liste zu erstellen, auf die du immer Zugriff hast. Ich habe mir eine »Essens-Packliste« und eine »Holiday-Packliste« auf meinem Handy abgespeichert und benutze sie konsequent.

Hier findest du ein Beispiel mit allem, was du für das Essen während eines ganzen Tags (Mittag, Nachmittag, Abend) benötigst:

- Lätzchen
- Löffelchen
- Breischälchen
- Baby-Trinkflasche mit Tee oder Wasser
- Feuchttücher
- Küchenpapier
- Mittagsbrei, schon aufgewärmt in einem Thermobecher
- eine Portion Obstpüree (ausnahmsweise ohne Getreide, sonst wird es kompliziert)
- ganz viele Mais- oder Reis-Flips und andere Knabbereien wie Reiswaffeln oder Babykekse

- eine Portion Getreide-Milchflocken für den Abendbrei (ausnahmsweise keine frisch aufgewärmte Kuhmilch im Brei, sondern eine fertige Milchbreimischung aus der Packung)
- zwei Portionen Säuglings- oder Folgemilchpulver in dafür vorgesehenen Behältern oder abgepumpte Muttermilch in einer dafür vorgesehenen Kühltasche

- Fläschchen mit Deckel
- eine Thermoskanne mit heißem Wasser und eine Flasche mit kaltem Wasser (so kannst du die optimale Temperatur für den Getreide-Milchbrei und das Fläschchen mixen)
- eine hohe Tasse oder einen Becher, um die Muttermilch im Fläschchen aufzuwärmen

Wissenswertes zu Lebensmitteln

Diese Lebensmittel sind tabu

Wenn es mit der Beikost losgeht, sollte dein Baby die bunte Vielfalt an verschiedenen Lebensmitteln kennenlernen und probieren. Einige Lebensmittel haben allerdings im ersten Lebensjahr nichts auf dem Teller deines Babys verloren. Die Schweizerische Gesellschaft für Ernährung (SGE) rät von diesen Lebensmitteln im ersten Lebensjahr ab:

- Fisch mit Gräten!
- Rohes Getreide
- Honig und Ahornsirup: Können Bakterien enthalten, die im Darm deines Babys Gifte ausscheiden können!

WICHTIG: Sind Allergien und Unverträglichkeiten in eurer Familie verbreitet, oder gibt es Anzeichen dafür, dass dein Baby auf gewisse Lebensmittel allergisch reagieren könnte, so konsultiere vorsichtshalber zuerst (vor der Beikosteinführung) die Kinderärztin!

- Verarbeitete Fleischwaren wie Wurst oder Schinken

- Nahrungsmittel, an denen sich dein Baby aufgrund ihrer runden Form leicht verschlucken kann: Erdnüsse, Kerne, rohes Gemüse, Beeren und Weintrauben

- Käse, Quark, Frischkäse und Naturjoghurt in hohen Mengen enthalten zu viel Eiweiß und können die Nieren deines Babys belasten. In kleinen Mengen sind sie aber erlaubt, um zum Beispiel einen Brei zu verfeinern. Quark darf erst ab dem ersten Lebensjahr, Naturjoghurt ab dem sechsten Lebensmonat in kleinen Mengen angeboten werden.

- Zuckerhaltige Snacks wie Schokolade, Eis, Fruchtjoghurt etc. und allgemein einfach ZUCKER (Lebensmittel wie Früchte, die von Natur aus Zucker enthalten, sind okay)

- Koffein- und teinhaltige Getränke

- Rohe tierische Lebensmittel wie rohe Eier, Rohmilch, rohes Fleisch oder roher Fisch

- Salz: Würze das Essen nie mit Salz, Bouillon oder anderen scharfen Gewürzen

Getreide

Zuerst ein Gemüse, dann Kartoffeln dazu, später Fleisch oder Fisch: Das ist die Reihenfolge für erste Breiversuche. Kurz darauf wird der Getreide-Milchbrei folgen, und viele Eltern stellen sich dabei die Frage, ob Gluten bei ihrem Baby etwa Zöliakie (Glutenunverträglichkeit) auslösen könnte. Es ist nicht auszuschließen, dass ein Baby auf glutenhaltige Getreidearten reagieren wird. Wenn Kinder eine Veranlagung dafür haben, ist das durchaus möglich. Gerade deswegen empfehlen viele Ärztinnen und Ärzte, den Babys früh klitzekleine Mengen glutenhaltige Lebensmittel zu servieren, damit ihre Körper lernen, das Klebereiweiß zu akzeptieren.

PERSÖNLICHER TIPP: Wir haben mit etwa sechs Monaten zwei- bis dreimal pro Woche eine gekochte Dinkelnudel in den Mittagsbrei püriert. Natürlich musst du nicht einen ganzen Topf mit Wasser aufkochen, um eine einzige Nudel zu kochen! Etwas Zwieback oder ein halber Teelöffel glutenhaltiges Getreide wären unkomplizierter und eignen sich ebenso.

ÜBRIGENS: Im Regal lauern leider auch lauter Milchbreie, die versteckten Zucker enthalten. Reine Milchbreie sind in Ordnung, aber lass die Finger weg von Geschmacksrichtungen wie Vanille oder Schokolade! Viele Getreidesorten haben an sich schon einen mild-süßlichen Geschmack, folglich braucht es keine überzuckerten Produkte.

Spätestens wenn du den Getreide-Milchbrei am Abend einführst, wird dein Baby regelmäßig Getreide bekommen. Es gibt viele verschiedene Getreidesorten, die dein Baby lieben wird. Hirse, Maisgrieß, Reis, Dinkel, Hafer, Mehrkorngetreideflocken und 3-Korn-Flocken sind einige Beispiele für gut verträgliche Getreidearten für den Abend- oder den Nachmittagsbrei. Wechsle zwischen den vielen Getreidesorten ab. Getreideflocken bekommst du mittlerweile überall, im Supermarkt, im Drogeriemarkt, in Reformhäusern und natürlich in Apotheken. Wenn du für den Abendbrei selbst Milch aufkochen und beifügen möchtest, achte darauf, dass deine Getreideflocken nicht bereits Milchpulver enthalten, also kaufe keinen Getreide-Milchbrei. Die enorme Vielfalt an ähnlichen Produkten kann nämlich teilweise verwirrend sein. Im Zweifelsfall schaust du hinten auf der Packung auf die Zutatenliste und wählst ein »reines« Getreide ohne Milchzusatz aus. Für unterwegs oder auf Reisen sind die fertigen Milchbreie sehr praktisch, da man keine aufgewärmte Milch mitnehmen muss.

DREI EINFACHE SCHRITTE, UM DEIN BABY LANGSAM AN GETREIDE ZU GEWÖHNEN

1

Zwischen dem fünften und dem siebten Monat wird dein Baby seine ersten Löffelchen Gemüsebrei bekommen. Später fügst du eine Kartoffel hinzu, und noch etwas später kannst du eine gekochte Dinkelnudel, etwas Zwieback oder einen halben Teelöffel glutenhaltige Getreideflocken mitpürieren.

2

Als zweite Breimahlzeit bekommt dein Baby den Getreide-Milchbrei am Abend. Dieser sättigt es vor dem Schlafengehen und wird mit Kuhmilch (maximal 200 ml pro Tag), Folgemilch oder einer pflanzlichen Alternative und Getreideflocken jeweils frisch zubereitet.

3

Als dritter Brei folgt der Obst-Getreidebrei am Nachmittag. Lass die Getreideflocken in warmem Wasser aufquellen und füge etwas Obstpüree hinzu.

WELCHES GETREIDE EIGNET SICH FÜR EINEN GESUNDEN BREI?

Hirse: Hirse ist glutenfrei und eignet sich deshalb besonders gut für Babys. Sie wird oft auch als Superfood für Babys bezeichnet, denn sie ist reich an Mineralstoffen. Dank ihres hohen Eisengehalts sowie der enthaltenen Kieselsäure ist Hirse wichtig für gesunde Haut, Haare, Nägel und Bindegewebe. Du findest Hirse in Form von Instanthirseflocken, welche schnell zuzubereiten sind, oder als herkömmliche, grobe Flocken. Hirse hilft auch dabei, die Verdauung in Schwung zu bringen und den Stuhl aufzulockern.

Reis: So wie Hirse ist auch Reis glutenfrei. Reis ist zudem leicht verdaulich für dein Baby, reich an Kohlenhydraten und somit ein wichtiger Energielieferant für deinen jetzt immer aktiver werdenden Zwerg. Vollkornreis liefert im Gegensatz zu weißem Reis zusätzlich reichlich B-Vitamine, die die Blutbildung unterstützen. Instantreisflocken eignen sich besonders gut in Kombination mit einem Obstmus für den Nachmittagsbrei. Reis kann unter Umständen allerdings auch stopfend wirken.

Hafer: Hafer ist preisgünstiger und nährstoffreicher als andere Getreidesorten. So enthält er mehr Kalium, Natrium, Chlorid, Kalzium, Phosphor und Zink als zum Beispiel Hirse. Zudem sind die Inhaltsstoffe für den Körper gut verwertbar. Das Frühstücks-Porridge lässt sich wunderbar mit Haferflocken und Haferkleie zubereiten und versorgt dein Baby mit vielen wichtigen Mineralien.

Dinkel: Wegen seines nussigen Geschmacks mögen ihn viele Babys sehr gern. Er enthält zudem im Vergleich zu Weizen mehr Nährstoffe, beispielsweise Vitamine und Mineralstoffe. Instantdinkelflocken schmecken deinem Baby besonders gut in Form eines Getreide-Milchbreis am Abend.

GETREIDE-ALTERNATIVEN

Auch die Getreideflocken, welche in den Rezepten angegeben werden, können je nach Vorliebe oder Verfügbarkeit ausgetauscht werden. In den Abendbrei-Rezepten verwende ich die sogenannten Instantflocken, die in allen Reformhäusern, Apotheken und großen Supermärkten – hier meist in der Babyabteilung – erhältlich sind. Diese musst du nicht lange kochen, sondern lässt sie lediglich in warmer Milch oder warmem Wasser aufquellen. Je nach Marke werden die Flocken auch als »Getreidebrei« bezeichnet, zum Beispiel »Hirse-Getreidebrei« oder »Grieß-Getreidebrei«. Normale Getreideflocken, wie Haferflocken oder Hirseflocken, gehen natürlich auch, dafür musst du aber mehr Zeit aufwenden und das Getreide in einem Kochtopf mit reichlich Flüssigkeit aufkochen, bis es weich ist. Aufquellen allein funktioniert bei diesen grobkörnigen Getreideflocken nicht!

WICHTIG:
Füge immer ein wenig vitaminreichen Obstsaft oder ein bis zwei Teelöffel Obstpüree zum Getreidebrei hinzu. So kann der Körper deines Babys das im Getreide enthaltene Eisen besser aufnehmen.

Diese Getreidesorten eignen sich besonders gut für Breie:

Hafer • Dinkel • Hirse • Reis
Weizen- und Maisgrieß
Mehrkornflocken

Milch und Öl

MILCH-ALTERNATIVEN

Bestimmt weißt du, dass es heutzutage eine Menge verschiedener Kuhmilch-Alternativen gibt. So steht die herkömmliche Kuhmilch längst nicht mehr allein im Kühlfach oder im Regal. Es gibt nämlich viele leckere pflanzliche Getreidedrinks, die in einem Brei genauso gut schmecken wie Kuhmilch. Wechsle doch zwischen den einzelnen Sorten ab und beobachte, welche deinem Baby am besten schmecken! Achte beim Kauf immer darauf, dass die Getreidedrinks ungesüßt (ohne Zuckerzusatz) sind. Oft enthalten die Produkte von »Natur aus Zucker«, und dies ist vollkommen in Ordnung. Die in den Rezepten angegebene Milch kann bei jedem Brei beliebig ersetzt werden. Auch ein Naturjoghurt kann durch einen Sojajoghurt oder Kokosjoghurt ersetzt werden. Zu beachten ist jedoch, dass die Milch-Varianten nicht unbedingt die gleichen Nährstoffe enthalten wie die Kuhmilch.

WICHTIG: Auf Quark und Skyr solltest du im ersten Lebensjahr verzichten, denn der hohe Milcheiweißgehalt belastet die kleinen Nieren deines Babys. Du darfst die eiweißhaltigen Produkte aber in kleinen Mengen (nicht mehr als einen Teelöffel pro Tag) einsetzen, um zum Beispiel einen Brei oder ein Porridge zu verfeinern. Kuhmilch sollte dein Baby im ersten Lebensjahr nur im Milchbrei am Abend bekommen und nicht etwa zum Trinken aus der Flasche.

Zum Beispiel liegt die empfohlene Tageszufuhr an Kalzium für vier bis zwölf Monate alte Babys bei 330 mg pro Tag. Es wäre also sinnvoll, zum Beispiel beim Haferdrink die mit Kalzium angereicherte Variante zu nehmen. Oftmals entspricht dann der Kalziumgehalt genau jenem der Kuhmilch.

Alle links aufgeführten Produkte eignen sich gut für das Frühstücksporridge. Für den Abendbrei empfehlen Experten ab dem sechsten Lebensmonat maximal 200 ml Kuhmilch pro Tag. Bis zum ersten Lebensjahr sollte diese Menge nicht überschritten werden.

Kuhmilch • Schafmilch
Sojadrink • Haferdrink • Reisdrink
Mandeldrink • Kokosdrink •
Cashewdrink • Quinoadrink
und Muttermilch

PERSÖNLICHER TIPP:

Das Frühstücksporridge bereiteten wir jeweils mit Haferdrink zu. Das kam super an bei unserer Kleinen. Für den Abendbrei beschränkten wir uns auf die klassische Vollfett-Kuhmilch.

ÖLSORTEN

Es gibt Gemüsesorten, wie etwa die Karotte, deren Vitaminpotenzial nur dann ausgeschöpft werden kann, wenn sie zusammen mit Öl verdaut werden. Hochwertiges Öl ist aber nicht nur bei Zubereitungen mit solchen Gemüsesorten wichtig, sondern es liefert auch noch wertvolle Mineralstoffe, die für dein Baby wichtig sind. Leidet dein Baby unter Verstopfung, so fragen Ärzte oder Mütter- und Väterberaterinnen oft, ob du genug Öl in den Brei gibst. Auch das Öl kannst du beliebig durch ein anderes ersetzen. Achte dabei darauf, dass es sich um ein hochwertiges Bio-Öl handelt. Leinöl und Rapsöl sind die beiden beliebtesten Ölsorten für den Babybrei. Beide findest du in der Babyabteilung von großen Supermärkten und natürlich in allen Reformhäusern oder Drogeriemärkten. Leinöl ist teurer und etwas bitter im Geschmack, Rapsöl kannst du für die ganze Familie verwenden.

Hochwertige Öle
sind beispielsweise:

Leinöl • Rapsöl • Kürbiskernöl • Sesamöl (geröstet) • kalt gepresstes Kokosöl • Olivenöl

Zutaten nach Monaten

LEBENSMITTEL FÜR DEN 5. BIS 7. MONAT

Zucchini • Kürbis • Fenchel
Kohlrabi • Pastinake • Karotte
Avocado • Kartoffel • Apfel
Birne • Banane • Öl
Getreideflocken

Zucchini: Sind leicht verdaulich, gut verträglich, mild im Geschmack und werden deshalb oft schon sehr früh dem Brei beigefügt. Die Schale hat eine bittere Note, ist aber überraschenderweise ebenfalls sehr leicht verdaulich. Gegen Ende des ersten Lebensjahres können Babys auch rohe Zucchini essen. Zucchini bestehen größtenteils aus Wasser, enthalten aber trotzdem viele Nährstoffe wie Vitamin C und Kalzium. Letzteres unterstützt den Aufbau der Knochen und Zähne – sehr wichtig für dein wachsendes Baby. Zucchini in Kombination mit Kartoffeln mögen Babys sehr gern.

Kürbis: Den süßlichen Geschmack sowie die samtig-weiche Konsistenz mögen viele Babys. Die typische orange Farbe ist ein Zeichen dafür, dass der Kürbis reich an Carotinoiden ist. Diese schützen den Körper vor den sogenannten freien Radikalen, die einen Zellschaden verursachen können. Die freien Radikale entstehen im Körper meist durch Umweltgifte oder UV-Strahlung. Im Körper wandeln sich Carotinoide in Vitamin A um. Dieses Vitamin bewirkt, dass sich die Augen deines Babys besser an Helligkeit und Dunkelheit anpassen können. Zudem regulieren die im Kürbis enthaltenen Nahrungsfasern (Ballaststoffe) die Verdauung deines Babys.
Aber Vorsicht: Bekommt dein Baby zu viel Kürbis, kann sich seine Haut für kurze Zeit leicht orange färben. Es besteht aber kein Grund zur Sorge, denn diese Verfärbung verschwindet nach einigen Tagen von selbst wieder.

Fenchel: Viele Babys lieben Fencheltee, für andere aber ist das Fenchelaroma zu stark und sie trinken lieber Wasser. Fenchel wird bekanntermaßen häufig in der Naturheilkunde empfohlen, denn die darin enthaltenen ätherischen Öle können Blähungen und Bauchschmerzen lindern sowie bei Husten schleimlösend wirken. So empfehlen ihn Mütter- und Väterberaterinnen, Hebammen und Kinderärzte oft, wenn die Kleinen krank sind. Fenchel ist zudem reich an Folsäure. Diese ist extrem wichtig für die Blut- und Zellbildung und nur in wenigen Lebensmitteln enthalten. Doch leider gehört der Fenchel auch zu den nitratreicheren Gemüsesorten und sollte daher nicht in zu hohen Mengen verzehrt werden. Bio-Fenchel weist allerdings oft einen niedrigeren Nitratwert auf.

Pastinake: Nicht zu verwechseln mit der Petersilienwurzel! Die Pastinake ist ein typisches Herbst- und Wintergemüse. Sie ist sehr aromatisch, süßlich im Geschmack und erstaunlicherweise reich an Kohlenhydraten. Die darin enthaltenen ätherischen Öle können Magen- und Darmbeschwerden lindern. Lange galt die Pastinake als Grundnahrungsmittel, da sie viele wichtige Nährstoffe wie Folsäure, Kalium und Zink enthält. Folsäure ist sehr wichtig für die Blut- und Zellbildung, Zink für ein starkes Immunsystem und gesunde Haut und Nägel.

Karotte: Die Karotte wird oft als Zutat für den allerersten Brei vorgeschlagen. Da sie aber leicht stopfend wirkt, kannst du an ihrer Stelle ein anderes Gemüse wie etwa Kürbis verwenden. Die leuchtend orange Farbe der Karotte ist, wie beim Kürbis, ein Zeichen dafür, dass in ihr viele wichtige Pflanzenfarbstoffe stecken. Carotinoide schützen das Gemüse in der Natur vor dem Gefressenwerden. Auch im menschlichen Körper haben Carotinoide eine Schutzwirkung und bewahren den Körper vor Zellschäden.

Kohlrabi: Ist mild im Geschmack, leicht verdaulich und wirkt beruhigend auf den Magen. Da der Kohlrabi gedünstet und püriert sehr wässrig wird, eignet er sich besonders gut in Kombination mit stärkehaltigem Gemüse wie Süßkartoffeln oder Kartoffeln. Auch weich gedünstet mögen ihn Babys oft als Fingerfood. Jedoch kann auch Kohlrabi einen hohen Nitratgehalt aufweisen. Somit sollten Babys jeweils nicht zu große Mengen davon bekommen.

Kartoffel: Babys vertragen Kartoffeln sehr gut, denn diese sind mild und reizen den Magen nicht. Zudem halten sie lange satt und liefern wertvolle Kohlenhydrate, Eiweiße sowie Vitamin C und Kalium. Die Kartoffel darf bei deinem Baby sogar jeden Tag auf dem Speiseplan stehen. Geeignet sind die mehligkochenden Sorten, da sie sich leicht zerdrücken lassen.

Avocado: Wird oft als »Superfood« bezeichnet und liefert fast alle Nährstoffe, die der Körper braucht. Die gesunden ungesättigten Fettsäuren helfen bei der Entwicklung des zentralen Nervensystems und des Gehirns. Zudem wirkt die Avocado stuhllockernd. Sie eignet sich auch besonders gut als Fingerfood, da sie roh gegessen werden kann. Achte dabei darauf, dass die Frucht reif und weich genug ist. So kann dein Baby die Stückchen auch ohne Zähne herunterschlingen. Wenn du mal keine Zeit hast, um einen Brei zu kochen, kannst du einfach etwas Avocado in ein Schälchen geben und mit der Gabel zerdrücken oder das Fruchtfleisch direkt mit einem Löffel aus der Schale kratzen. Da die Avocado jedoch nicht in Europa angebaut wird und ihre Kultivierung viel Wasser verbraucht, würde ich sie aus ökologischen Gründen nicht allzu oft kaufen.

Apfel: Es gibt ja den Spruch »An apple a day keeps the doctor away«, was so viel heißt wie: Wer täglich einen Apfel isst, erspart sich die Arztbesuche. So gesund sind Äpfel also! Für Babys eignen sich anfangs die Sorten, die wenig Säure enthalten. Zudem sollten zu Beginn der Beikost die Äpfel gedünstet werden, bevor sie zu Brei verarbeitet werden, denn durch das Dünsten werden sie für den Magen der Babys verträglicher. Später, ab dem achten Lebensmonat oder je nach Entwicklung, solltest du den Apfel auch hin und wieder roh geraffelt anbieten, damit möglichst viele Nährstoffe erhalten bleiben. Äpfel sind reich an Vitamin C, stärken das Immunsystem und schützen dein Baby so vor Krankheiten.

Birne: Durch den milden, süßen Geschmack ist die Birne das perfekte Anfängerobst für Babys. Außerdem enthält sie kaum Säure und wird dadurch fast von allen Babys problemlos vertragen. Sie ist reich an zellaufbauendem Kalium und Folsäure, wobei Letztere hitzeempfindlich ist. Sobald sich dein Baby an gekochtes Birnenpüree gewöhnt hat, kannst du ihm auch ab und zu von der rohen Frucht zum Knabbern geben. So kann der Körper die Folsäure aufnehmen und damit das Wachstum allgemein sowie die Bildung roter und weißer Blutkörperchen fördern. Weiche Birnensorten wie Kaiser Alexander sind besonders beliebt.

Banane: Bananen werden eigentlich von allen Babys gemocht. Da sie in der Konsistenz sehr weich und im Geschmack süß sind, eignen sie sich prima als Breizutat oder auch als Fingerfood für den kleinen Hunger zwischen den Mahlzeiten. Diese exotische Frucht enthält reichlich Kalium und Magnesium. Babys im Wachstum benötigen besonders viel Kalium, da es das Zellwachstum unterstützt. Aber Achtung: Zu viel Banane kann stopfend wirken!

Öl oder Fett: Als erstes Öl für die Babynahrung wird Leinöl oder auch Rapsöl empfohlen. Du musst kein spezielles »Babyöl« kaufen, denn die sind häufig überteuert, haben aber nicht unbedingt mehr Nährstoffe. Am besten nimmst du ein hochwertiges Öl, welches ihr in der Familie häufig braucht, und lässt die angefangene Flasche nicht zu lange offen, sondern brauchst sie zügig auf. Leinöl ist sehr teuer und nicht für jedes Budget geeignet, deshalb verwenden viele Familien Rapsöl. Auch spielt es heutzutage keine Rolle mehr, ob man natives, also kalt gepresstes, oder die raffinierte, gefilterte Variante bevorzugt. In beiden Ölsorten befinden sich viele Omega-3-Fettsäuren, die für den Körper äußerst wichtig sind, denn er ist nicht in der Lage, diese selbst »herzustellen«. Da Babys sehr schnell wachsen und viele neue Zellen bilden, müssen sie ausreichend mit diesen Fetten versorgt werden. Die Schweizerische Gesellschaft für Ernährung (SGE) empfiehlt eine Tagesmenge von einem Teelöffel Rapsöl ab dem siebten Monat, ab dem neunten bis zehnten Monat zwei Teelöffel pro Tag, wobei ein Teelöffel davon Rapsöl sein soll, ab dem 13. Monat dürfen es sogar zwei bis drei Teelöffel sein, auch wieder mindestens ein Teelöffel Rapsöl.

Getreideflocken: Getreide ist essenziell für die gesunde Babyküche. Besonders die Vollkorngetreidesorten enthalten viele Nahrungsfasern sowie Kalium, Magnesium, Zink und Eisen. Zu Beginn musst du nicht zwingend Mehrkornflocken kaufen, sondern beginnst besser mit einer Sorte, wie zum Beispiel Hirse. Anders als viele denken, sind die Mägen der Babys schon sehr früh in der Lage, kleine Mengen Vollkorn zu verdauen. Glutenhaltiges Getreide wie Weizen oder Dinkel darfst du ebenfalls mit in den Speiseplan integrieren. Nach heutigem Wissensstand weiß man, dass kleine Mengen Gluten in Form von Weizen einer späteren Weizenallergie oder Unverträglichkeit wie Zöliakie vorbeugen können. Am besten gibst du deinem Baby hin und wieder ein Stück Dinkelbrotrinde zum Saugen oder Lutschen; idealerweise noch während des Stillens, also zwischen dem fünften und sechsten Lebensmonat. Eine detaillierte Beschreibung zu den verschiedenen Getreidesorten findest du auf Seite 56.

LEBENSMITTEL FÜR DEN 7. BIS 9. MONAT

Süßkartoffel • Brokkoli
Spinat • Pflaume • Melone
Heidelbeeren • Erdbeeren
Pfirsich • Nektarine • Milch
Fleisch • Geflügel • Fisch
Reis • griffige Nudeln
Brot • Butter

Süßkartoffel: Für Babys sollte die Süßkartoffel immer in reichlich Wasser gegart oder lange gedünstet werden. Leider enthält sie Oxalsäure, welche in hoher Konzentration schädlich für die Nieren sein kann, sodass dein Baby nicht zu viel davon bekommen sollte. Diese Knolle birgt aber auch viel Gutes, nämlich reichlich Vitamin C und wie Kürbis und Karotte auch reichlich Carotinoide. Da die Oxalsäure die Aufnahme von Kalzium, Eisen und Magnesium für den Körper erschwert, sollten Babys, die keine Milch mögen oder trinken dürfen, mit diesem Wurzelgemüse etwas aufpassen. Deshalb sollten vegetarisch ernährte Babys die Süßkartoffel besser nicht zu oft essen.

Brokkoli: Er ist eine wahre Nährstoffbombe! In Brokkoli sind fast alle Vitalstoffe enthalten, was dieses Gemüse äußerst wichtig für die Babyküche macht. Für eine gesunde Darmfunktion enthält Brokkoli

nebst gesunden Vitaminen, Kalzium und Folsäure auch reichlich Nahrungsfasern. Durch sanftes Blanchieren lässt sich der typische Kohlgeschmack verhindern, und so werden auch geschmacks- oder geruchssensible Babys Brokkoli mögen.

Spinat: Die dunkelgrüne Farbe verrät, dass in ihm viele wertvolle Mineralstoffe enthalten sind. Er enthält zudem die wichtigen Vitamine A und C sowie B2 und auch Folsäure. Der Spinat ist dadurch also eine perfekte Zutat für die Beikost. Allerdings musst du darauf achten, dass Spinatspeisen kein zweites Mal aufgewärmt werden. Wenn gekochter Spinat nämlich längere Zeit bei Zimmertemperatur stehen gelassen wird, bildet sich aus Nitrat giftiges Nitrit. Für kleine Babys kann Nitrat in einer hohen Dosis sogar lebensbedrohlich sein (siehe Seite 99). Deshalb musst du Spinatgerichte zwingend frisch zubereiten und die Reste leider immer vernichten oder selbst essen! Sehr wenig Nitrat enthalten übrigens Spinatbreie im Gläschen. Ein anderer Grund, weshalb Spinat nicht zu oft gefüttert werden sollte, ist, wie bei der Süßkartoffel, der hohe Oxalsäuregehalt.

Melone: Auch wenn die Melone nicht bei uns wächst, ist sie eine weitverbreitete Sommerfrucht, die von vielen Babys geliebt wird. Gerade wenn es heiß ist und die Kleinen mehr Flüssigkeit benötigen, ist sie ein super Snack für zwischendurch. Zum Rohessen eignen sich kernarme Wassermelonen sehr gut. Andere Melonensorten wie die Honigmelone, Cantaloupe oder Netzmelone können auch als Gemüseersatz funktionieren, wenn sie gegart aufgetischt werden. In der Erwachsenenküche wird die Melone in innovativen Restaurants oft in Kombination mit Fleischgerichten angeboten. Genau so kannst du deinem Baby die Melone auch schmackhaft machen. Mische zur Abwechslung mal ein Stück in den Mittagsbrei hinein! Melonen liefern reichlich Kalium und sind wichtig für einen gut funktionierenden Stoffwechsel.

Pflaume: Pflaumen oder Zwetschgen, beide gehören zur selben Familie, sind dank ihres hohen Vitamingehalts sehr gesund. Getrocknete (ungeschwefelte!) Pflaumen sowie frische und gekochte Pflaumen haben zudem eine verdauungsanregende Funktion. Schon kleine Mengen davon können dem Körper deines Babys helfen, den Stuhl zu lockern. Neben den Vitaminen steckt in der Pflaume auch Lutein, ein wertvoller Inhaltsstoff, der als Schutz für die Augen deines Babys wirken und ihm helfen kann, schärfer zu sehen.

Heidelbeeren: Viele Beerensorten sind dafür bekannt, dass sie den Po des Babys reizen. Dies ist bei Heidelbeeren nicht der Fall, sie werden von vielen Babys problemlos vertragen. Sie versorgen den Körper zudem mit wichtigen Nährstoffen, wie den Vitaminen A, C und E, sowie mit Kalium und Nahrungsfasern. Die blaue Schale enthält Anthocyane, welche Umweltgifte im Körper unschädlich machen. Heidelbeeren sind als Fingerfood beliebt, bergen aber aufgrund ihrer runden Form eine Erstickungsgefahr für Babys. Am besten zerdrückst du die Beere leicht zwischen deinen Fingern oder du halbierst sie, bevor dein Baby davon naschen darf.

Erdbeeren: Bevor du deinem Baby gleich eine ganze Portion Erdbeeren servierst, solltest du ihm zunächst einmal ein kleines Häppchen zum Probieren anbieten. Einige Babys reagieren nämlich mit einem Ausschlag oder sogar einem wunden Po. In Erdbeeren stecken unter anderem viel Folsäure und das immunstärkende Zink. Sie enthalten zudem viel Vitamin C und gelten somit als äußerst gesund. Dennoch solltest du anfangs aufgrund der möglichen allergieähnlichen Reaktionen etwas vorsichtig sein.

Pfirsich: Saftig-süße Pfirsiche und Nektarinen sind für mich die leckersten Obstsorten überhaupt an heißen Sommertagen! Pfirsiche eignen sich sehr gut als Obstpüree; dafür sollst du sie zunächst dünsten oder mit ein wenig Wasser weich kochen und dann pürieren. Zum Dünsten kannst du die Schale dranlassen, vor dem Pürieren aber abziehen, denn sie ist für dein Baby schwer verdaulich. Pfirsiche enthalten in erster Linie reichlich Vitamin A – gut für die Sehkraft. Außerdem ist die Frucht ein wichtiger Lieferant von Kalium und Vitamin C. Kalium unterstützt die Muskelfunktionen, Vitamin C stärkt das Immunsystem.

Feige: Frische Feigen sind ein super Zusatz im Frühstücks-Porridge oder als Obst für die Nachmittagsmahlzeit. Babys lieben es, das süße, rote Fruchtfleisch selbst aus der Schale zu lutschen. Halbiert eignen sich Feigen übrigens prima auch zum Herauslöffeln. Zudem ist die Frucht voller Nahrungsfasern, was bei einer trägen Verdauung Abhilfe schaffen kann. Die darin enthaltenen Aminosäuren unterstützen unter anderem die Energieversorgung und machen die Frucht zu einem echten Powersnack! Achte stets darauf, dass die Frucht innen schön saftig ist. Je nach Sorte oder Herkunft kann das Fruchtfleisch ausgetrocknet und zäh sein.

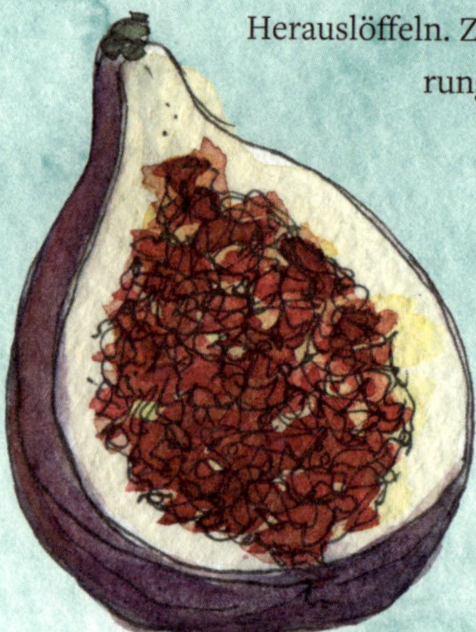

Nektarine: Ähnlich wie der Pfirsich ist die Nektarine eine bei Babys beliebte Sommerfrucht. Für das Obstmus eignet sie sich ebenfalls bestens. Der hohe Zuckergehalt liefert deinem Baby reichlich Energie, und das darin enthaltene Vitamin A ist wichtig für eine gesunde Haut und für die Augen.

Kuhmilch: Eine regelmäßige Kuhmilchzufuhr ist für das Wachstum deines Babys unerlässlich, denn es gibt kein anderes Lebensmittel, welches so viel Kalzium liefert. Kalzium ist für starke Zähne und Knochen fundamental wichtig. Lebensmittel wie Milch, Joghurt (gegen Ende des ersten Lebensjahres) und Käse (milde Sorten gegen Ende des ersten Lebensjahres) sollten somit regelmäßig auf dem Speiseplan eines Kleinkindes stehen. Für die Milch wählst du am besten eine pasteurisierte Bio-Variante, denn die Bio-Milch weist

ACHTUNG: Rohmilch ist strikt verboten! Sie kann gefährliche Keime enthalten, die den Nieren deines Babys Schaden zufügen können. Zudem führt Rohmilch oft zu Durchfall, was bei einem Baby im schlimmsten Fall zu Dehydration führen kann. Also Finger weg!

meist eine gesündere Fettzusammensetzung auf als konventionelle Milch. Vitamine gehen beim Pasteurisieren kaum verloren.

Babys dürfen bis zum ersten Lebensjahr Milch nur in Form eines abendlichen Getreide-Milchbreis bekommen. Die tägliche Menge von 200 ml sollte dabei nicht überschritten werden, denn Milch enthält nebst vielen gesunden Vitaminen auch reichlich Eiweiß, und eine zu hohe Eiweißaufnahme ist für dein Baby belastend. Zudem trägt der hohe Casein-Anteil in der Kuhmilch dazu bei, dass diese von Babys unter einem Jahr nur schwer verdaut werden kann. Isst dein Baby gern ab und zu Käse? Dann reduziere einfach die Milchmenge für den Abendbrei am jeweiligen Tag und füge stattdessen Wasser hinzu. Milch im Fläschchen sollte dein Baby erst nach dem ersten Geburtstag bekommen.

Geflügel, Fleisch und Fisch: In der Regel kommen Babys mit einem prall gefüllten Eisenspeicher auf die Welt. Deshalb reicht die Muttermilch zu Beginn vollkommen aus. Mit der Zeit aber wird der Eisenspeicher aufgebraucht, und da kommt bei den meisten Familien das Fleisch ins Spiel. Fleisch ist ein wichtiger Lieferant von Eisen, welches unter anderem für den Muskelaufbau und die Blutbildung essenziell ist. Egal welches Fleisch du kaufst, solltest du Bio-Fleisch wählen, wenn dein Geldbeutel es zulässt, oder es direkt beim Bauern kaufen. In konventionellem Fleisch werden fast immer Spuren von Schadstoffen gefunden, und auf diese solltest du möglichst verzichten. Achte beim Zubereiten immer darauf, dass das Fleisch gut durchgegart wird. Auch wenn ein Steak für uns Erwachsene medium gebraten besser schmeckt, sind rohe Tierprodukte für dein Baby ein absolutes No-Go. In rohem Fleisch können sich gefährliche Keime verstecken, die dein Baby krank machen! Was die Nährstoffe betrifft, kann keine Pflanze mit dem Eisengehalt im Fleisch mithalten. Anders gesagt, der menschliche Organismus kann das Eisen aus tierischen Lebensmitteln viel besser aufnehmen als jenes aus Pflanzen. Da nur durch eine stetige, regelmäßige Zufuhr die Eisenaufnahme im Körper gewährleistet wird, empfehlen Ernährungsexperten, Babys drei bis fünf Portionen Fleisch in der Woche anzubieten. Regelmäßig kleine Portionen sind besser als zweimal pro Woche eine große Menge.

Die Schweizerische Gesellschaft für Ernährung (SGE) empfiehlt konkret, ab dem siebten Monat einmal am Tag 10 g Fleisch oder Fisch oder ein Viertel Ei, ab dem neunten, zehnten Monat 20 g Fleisch oder Fisch oder ein halbes Ei pro Tag und ab dem 13. Monat 30 g Fleisch oder Fisch oder ein Ei pro Tag zu servieren. Zudem ist Fleisch ein wichtiger Vitamin-B12-Lieferant. Der Körper braucht dieses Vitamin für verschiedene Abläufe, etwa für die Nervenfunktion, die Zellteilung und die Blutbildung.

Und weil die empfohlene Tagesmenge an Fleisch für ein Baby noch sehr klein ist, machst du dir das Leben einfacher, wenn du auf einmal eine größere Menge vorgarst und im Tiefkühler in Einzelportionen aufbewahrst. Rotes Fleisch wie vom Rind oder Lamm enthält etwa doppelt so viel Eisen wie die hellen Fleischsorten wie Huhn. Für den Aufbau von Muskeln und Zellen ist der Eiweißgehalt von Fleisch ebenfalls von Bedeutung.

Solltest du dein Baby fleischlos ernähren wollen, suchst du am besten einen Arzt oder einen Ernährungsexperten auf und lässt dich gründlich beraten. Stelle sicher, dass dein Baby trotz fleischloser Ernährung gesund bleibt und dass alle wichtigen Nährstoffe berücksichtigt werden. Eine vegetarische Ernährung für Kinder funktioniert prima und wird heutzutage von vielen Familien praktiziert. Ob ein Kind vegan ernährt werden darf oder soll, da scheiden sich die Geister. Grundsätzlich raten aber alle Experten davon ab. Genaueres erfährst du auf Seite 102.

Die Nährstoffe, die Fisch liefert, sind sehr wertvoll für die Entwicklung deines Babys. Deshalb sollte Fisch ein fester Bestandteil des Familientischs werden. Seefisch, wie zum Beispiel Lachs, enthält viele gesunde Omega-3-Fettsäuren, die für eine gesunde Entwicklung von Gehirn und Nervenzellen wichtig sind. Ein anderes Spurenelement, das nur schwer aus pflanzlichen Lebensmitteln aufgenommen werden kann, ist Jod. Jod ist unverzichtbar für die gesunde Funktion der Schilddrüse, kann nur über die Nahrung aufgenommen werden und wird in einigen Fischarten gefunden. Kabeljau oder Makrele sind reich an Jod und sollten somit auch ein- bis zweimal in der Woche auf dem Speiseplan deines Babys stehen. Aber Achtung, leider sind viele Fische mit Schwermetallen oder sogar Giftstoffen belastet. Solltest du unsicher sein, kaufst du am besten Fisch aus der Region und nicht etwa importierte Ware.

Reis: Reis gehört in vielen Ländern zum Grundnahrungsmittel für Erwachsene und Kinder. Auch hierzulande wird häufig Reis aufgetischt. Neben wertvollen Kohlenhydraten und Eiweißen liefert Reis viele weitere lebenswichtige Spurenelemente sowie Mineralstoffe, wie Zink, Magnesium, Eisen und Vitamine. Kohlenhydrate machen Reis zu einem wichtigen Energielieferanten, und Magnesium stärkt die Muskelfunktion. Am besten greifst du im Supermarkt zu den Vollkorn-Varianten oder zu Naturreis. Auch wenn er deutlich nahrungsfaserreicher ist als die geschälten Körner, wird er von Babys sehr gut vertragen. Vollkornreis enthält von Natur aus mehr Mineralstoffe und ist somit gesünder für dein Baby. Da viele Vollkornreissorten aber eine sehr lange Garzeit haben, empfiehlt es sich, hier die vorgekochten Varianten zu wählen, sofern diese im Supermarkt angeboten werden. Beim geschälten, weißen Reis wird er als »Parboiled« bezeichnet, also vorgegart. Diese Reiskörner werden schonend in heißem Wasserdampf gedünstet und dann getrocknet. Bei diesem Verfahren verlieren sie kaum Nährstoffe. Die runden Reis-Varianten wie Risottoreis oder Milchreis werden in der Regel beim Kochen cremiger, weshalb viele Babys diese Sorten bevorzugen. Für die Anfänger-Breiesser kannst du auch Instantreisflocken verwenden und diese zum Beispiel dem Nachmittags-Obstbrei beifügen.

Pasta/Nudeln: Auch Babys brauchen Abwechslung beim Essen. Wie Reis und Kartoffeln gehören auch Nudeln hierzulande zur Grundkomponente des Mittagsbreis deines Babys. Meistens kannst du im Supermarkt zwischen Vollkornnudeln, Hartweizengrießnudeln und Eiernudeln wählen. Auch da lohnt es sich, deinem Baby Abwechslung anzubieten. Anfangs kannst du die gekochten Nudeln fein mit dem Gemüse zusammen pürieren, später einfach klein schneiden, und wenn dein Baby gut kauen kann, kaufst du die kleinsten Nudeln (Buchstaben- oder Sternchennudeln) und gibst eine pürierte Gemüsesauce dazu. Vollkornpasta hat im Vergleich zu den anderen Nudelsorten mehr Nahrungsfasern und Vitamine. Trotz der reichlich enthaltenen Nahrungsfasern wird Vollkorn prima von Babys vertragen. Größere, griffige Nudeln eignen sich besonders gut als Fingerfood.

Brot: Babys in diesem Alter lieben es, auf harter Brotrinde »herumzukauen«. Auch wenn noch keine Zähnchen da sind, schaffen sie es, die harten Stücke mit ihren Kauleisten zu zerdrücken. In dieser Brot-Kennenlernphase schneidest du am besten eine Scheibe Brot ab und drückst mit deinen Händen die Kruste zusammen, sodass ein langes Stück entsteht, das dein Baby gut mit den Händen umfassen kann. Mit der Zeit, etwa ab dem neunten Lebensmonat, kannst du deinem Baby zum Frühstück oder zum Abendessen Brotstückchen mit Butter, Margarine oder sogar Hummus, Gemüseaufstrich und Frischkäse anbieten. Hierzu solltest du die harte Brotrinde oder Kruste entfernen, das weiche Innere in mundgerechte Stückchen schneiden und bestreichen. Dein Baby wird mit dem Daumen und dem Zeigefinger die Brotstücke geschickt packen und zum Mund führen. Am besten eignen sich Brote, die keine Nüsse oder Kerne enthalten! Wechsle zwischen den vielen Sorten im Sortiment ab. Auch Vollkornbrot ist absolut verträglich und wird von vielen Babys gemocht. Brot eignet sich super auch als kleiner Snack für zwischendurch. Oder einfach so, wenn dein Baby im Kinderwagen unruhig wird. Eine Beschäftigungstherapie!

Butter/Margarine: Ob du Butter oder Margarine verwendest, ist vollkommen dir und deinem Baby überlassen, obwohl ich persönlich das Naturprodukt Butter bevorzuge. Beides ist, in vernünftigem Maß, gesund für deinen wachsenden Spatz. Sowohl Butter als auch Margarine weisen einen hohen Fettanteil auf, Butter sogar gesättigte Fettsäuren, die in der Erwachsenenwelt einen schlechten Ruf haben, da sie sich negativ auf die Blutfettwerte auswirken. Gesättigte Fettsäuren sind aber nur dann für den Menschen schädlich, wenn sie in extrem hohen Mengen zu sich genommen werden. Eltern, die normalerweise gekochtes Essen mit Lein- oder Rapsöl verfeinern, müssen sich über die gesättigten Fettsäuren keine Gedanken machen. Eine Mischung von pflanzlichen und tierischen Fetten ist gesund für dein Baby. Wir haben uns für Butter entschieden, da sie von Natur aus Vitamin A, D und E enthält. Der Margarine werden diese Vitamine künstlich hinzugefügt.

Weitere praktische Lebensmittel, die dein Baby jetzt essen darf:
Maisgrieß (Polenta), Couscous, Bulgur, Quinoa, Weizengraupen, Buchweizen

LEBENSMITTEL FÜR DEN 9. BIS 12. MONAT

Erbsen • Federkohl (Grünkohl) Mais • Rote Bete • Tomate Dattel • Kastanie • Himbeeren Käse • Eier • Schinken und Aufschnitt • Hülsenfrüchte wie Linsen oder Kichererbsen

Mais: Wegen seines süßen Geschmacks ist der Mais bei vielen Babys beliebt. Im Brei halten die gelben Kolben wesentlich länger satt als andere Gemüsesorten, weil sie reichlich Stärke und Zucker enthalten. Aus diesem Grund solltest du deinem Baby aber nicht zu viel Mais geben, denn er kann bei übermäßigem Verzehr für Übergewicht sorgen. Von den Nährwerten her ist Mais reich an Kalium und Magnesium. Magnesium steuert die Muskelfunktionen, und Kalium reguliert das Wasser im Körper. Pro 100 g enthält Mais 3,9 g Zucker und 14 g Stärke. Zum Vergleich: Kartoffeln haben 0,7 g Zucker und 15 g Stärke, Karotten 7,1 g Zucker und 0,2 g Stärke.

Erbsen: »Klein, aber oho!«, könnte das Motto der Erbsen sein. Trotz ihrer geringen Größe enthalten sie viele wertvolle Nährstoffe wie Eiweiß, Kalzium, Eisen und die Vitamine A und C. Besonders bedeutsam sind die Erbsen für jene Kinder, die vegetarisch ernährt werden, da sie viele lebenswichtige Aminosäuren enthalten. Extra zarte Tiefkühlerbsen eignen sich besonders gut für die Babynahrung, da sie sehr schnell gar werden und du die zu kochende Menge selbst bestimmen und dosieren kannst. Erbsen aus der Dose werden dagegen weniger empfohlen, da viele Nährstoffe durch das Erhitzen und eine lange Lagerzeit verloren gehen.

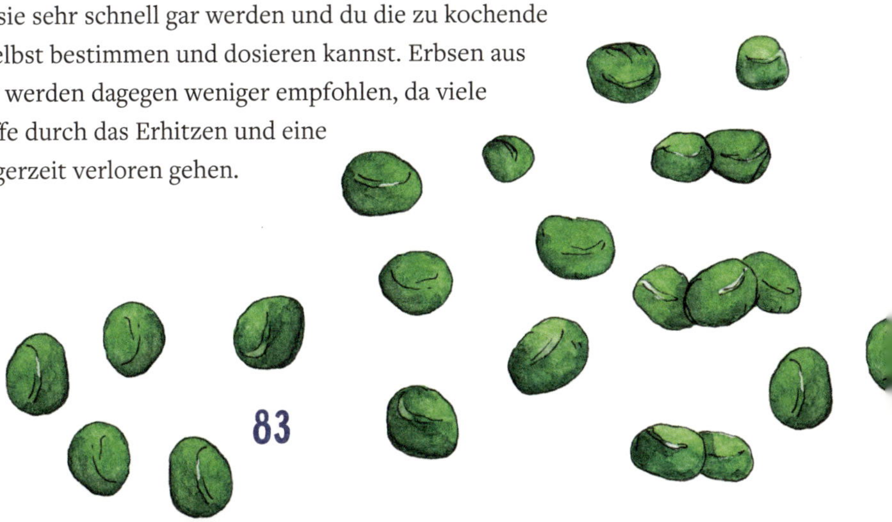

Federkohl: Feder- oder Grünkohl wird im Winter geerntet und liefert dem Körper in den kalten Monaten viele Vitalstoffe. Unter allen Kohlsorten weist der Federkohl den höchsten Eiweißgehalt auf. Somit unterstützt er den Muskelaufbau deines Babys. Ein anderer Grund, weshalb der krause, grüne Federkohl der perfekte Begleiter für die tristen Wintertage ist, sind sein enorm hoher Vitamin-C-Gehalt sowie reichlich enthaltenes Kalzium und Eisen. Federkohl wird deswegen oft für Vegetarier empfohlen.

Rote Bete: Die Rote Bete gehört zu den eisenreichen Gemüsesorten und ist somit beliebt bei vegetarisch lebenden Familien. In kleinen Mengen, wie etwa als Brotaufstrich, eignet sich diese dunkelrote Knolle prima, als reines Breigemüse eher weniger. Wie Spinat sollte gekochte Rote Bete nicht zu lange an der Wärme stehen gelassen werden. Das darin enthaltene Nitrat kann durch Bakterien in Nitrit umgewandelt werden, was für Babys gefährlich sein könnte. Genaueres über Nitrit erfährst du auf Seite 99.

Tomate: Kleine Kirsch- oder Datteltomaten sind bei Babys als rohes Fingerfood sehr beliebt, weil sie in der Regel süßer schmecken als die großen Tomatensorten. Dafür solltest du sie unbedingt zuerst halbieren, um die Verschluckungsgefahr zu mindern. Für die Babyküche eignen sich Dosentomaten besonders gut, denn die Tomaten werden dafür in ihrem reifsten Stadium geerntet und sofort weiterverarbeitet, sodass kaum Nährstoffe verloren gehen. Zudem enthalten Dosentomaten wesentlich mehr Lycopin, einen Stoff, der den Tomaten ihre knallig rote Farbe verleiht und als Schutz vor Schädlingen dient. Nicht nur der Pflanze kommt Lycopin zugute, sondern es kann auch im menschlichen Körper eine schützende Wirkung gegen schädliche Eindringlinge wie Bakterien oder Viren haben.

Dattel: Dieser Energielieferant aus der Wüste enthält neben vielen Vitaminen und Mineralstoffen eine Menge Nahrungsfasern. Dies sorgt bei deinem Baby für eine schwungvolle Verdauung. Zusätzlich steckt die Dattel voller Eisen, Kalzium und Magnesium und gehört somit zu den gesündesten Früchten überhaupt. Aber Achtung, da die Frucht von Natur aus extrem süß ist, solltest du sparsam damit umgehen!

Esskastanie: Die Esskastanie enthält wertvolle Kohlenhydrate ohne Gluten, ist süßlich im Geschmack und gut verträglich. Überdies ist sie reich an Nahrungsfasern, bringt die Verdauung deines Babys in Schwung und sorgt somit für einen gesunden Darm. Auch die Kombination aus Kalzium und Phosphor ist besonders der Knochen- und Zahnentwicklung förderlich. Kastanien lassen sich prima dünsten und zwischendurch als Kartoffelersatz zu einem Brei, als Beilage zu Gemüse und Fleisch, pürieren. Den mild-süßlichen Geschmack wird dein Baby mögen!

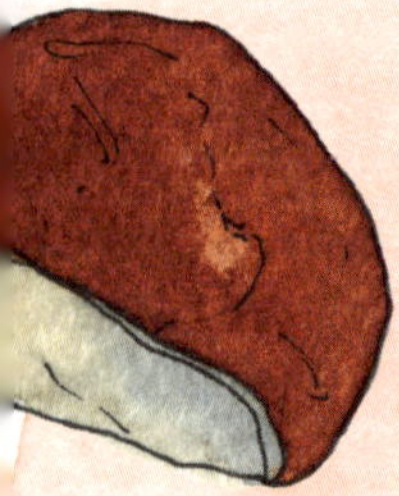

Himbeeren: Ob als Obstsauce zum Garnieren von Milchreis oder als Fingerfood für zwischendurch, die Himbeere wird von fast allen Babys gemocht. Ihr weiches Fruchtfleisch ist ideal für Essanfänger mit wenigen Zähnchen. Da sie aber einen sehr hohen Fruchtsäuregehalt hat, vertragen sie nicht alle Babys gleich gut. Manche reagieren mit einem gereizten Po, andere haben sogar Magenschmerzen. In diesem Fall kannst du die Beeren bei niedriger Hitze zu einer Sauce einkochen, anstatt sie roh zu servieren. Die Himbeere liefert eine Vielzahl an Nährstoffen (Vitamine A, E und C, Kalium, Kalzium, Eisen, Zink und Kupfer), und durch den hohen Anteil an Nahrungsfasern reguliert sie zudem die Darmtätigkeit.

Käse: Bis zum ersten Geburtstag solltest du mit reifen Käsesorten vorsichtig sein oder sie deinem Baby gar nicht erst auftischen, denn sie enthalten viel mehr Salz als die milden Käsesorten wie Hüttenkäse, Frischkäse, Mozzarella oder Butterkäse. Rohmilchkäse ist für Babys verboten, denn darin können sich Keime wie Listerien verstecken, die für dein Baby gefährlich sind. Hartkäse wie Parmesan wird ebenfalls aus Rohmilch hergestellt, aber durch den langen Reifeprozess enthält er keine Keime mehr. Nach dem ersten Geburtstag darf dein Kleines also Parmesan auf die Nudeln gerieben bekommen. Wegen des hohen Kalziumgehalts ist milder, pasteurisierter Käse gesund für dein wachsendes Baby und darf mehrmals in der Woche in kleinen Mengen angeboten werden. Da jeder Käse, egal ob frisch oder gereift, viel Salz und Eiweiß enthält, sollte die Menge im ersten Lebensjahr klein (etwa ein Esslöffel dreimal pro Woche) gehalten werden.

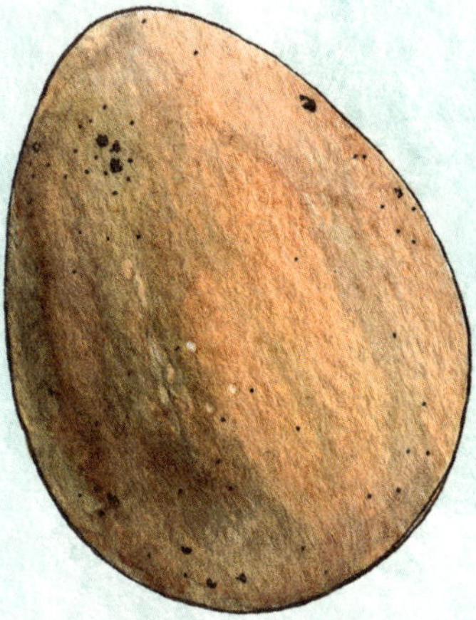

Eier: Wie bei anderen Tierprodukten gilt es auch bei Eiern, darauf zu achten, dass sie immer gründlich durchgegart werden. Gibt es in deiner Nähe einen Bauernhof? Dann kaufe deine Eier frisch vom Hof. In Europa kommt es mit Bezug auf Antibiotika eigentlich nicht darauf an, ob du Bio oder konventionelle Eier kaufst. Antibiotika können nämlich bei allen Hühnern dem Futter beigemischt werden. Bio bedeutet also nicht automatisch frei von Antibiotika. Dennoch greifst du vielleicht lieber zu Bio-Eiern, weil konventionellen Eiern manchmal Farbstoff zugefügt wird, damit das Eigelb schöner leuchtet. Beim Schlemmen von Speisen wie Pfannkuchen, Gemüsepuffer oder Muffins nimmt dein Baby automatisch Eier zu sich.

Trotzdem kannst du deinem Baby etwa zweimal in der Woche ein Rührei oder ein hart gekochtes Ei anbieten. Wichtig zu wissen ist, dass du die Hände nach dem Aufschlagen von Eiern immer gründlich waschen solltest. Denn viele wissen nicht, dass Salmonellen eher an der Schale haften als im Ei-Inneren. Eier liefern deinem Baby viele lebenswichtige Aminosäuren. Diese werden vom Körper für Haut, Knochen und Muskeln benötigt.

Linsen und Kichererbsen: Linsen liefern dem Körper reichlich Eiweiß und kommen besonders vegetarisch ernährten Kindern zugute, da sie außerdem viel Magnesium und Eisen enthalten. Allerdings können Linsen schwer verdaulich sein. Deshalb solltest du Linsen und andere Hülsenfrüchte wie etwa Kichererbsen erst nach dem neunten Monat einführen und die Dosierung zunächst klein belassen, bis sich dein Baby daran gewöhnt hat. Rote Linsen sind besser verdaulich als beispielsweise die schwarzen. Da Linsen bei manchen Babys Blähungen verursachen können, eignen sich Linsen-Gerichte besser für das Mittag- als für das Abendessen. Kichererbsen enthalten neben Eiweiß auch gesunde Nahrungsfasern, die der Verdauung zugutekommen. Sie eignen sich besonders gut in pürierter Form als Brotaufstrich (siehe das Rezept auf Seite 162).

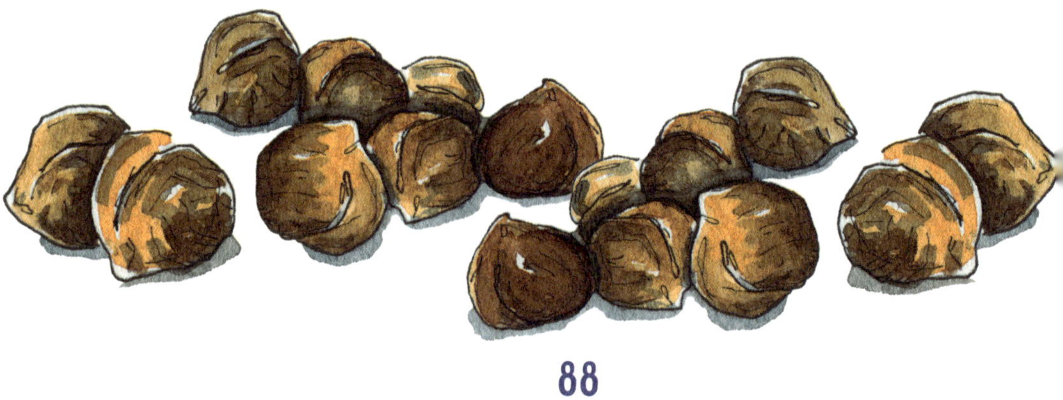

Schinken, Wurstware, Aufschnitt: Auch hier gilt: Roh ist verboten. Serranoschinken, Parmaschinken, Salami und Co. darf dein Baby vorerst nicht essen. Bis zum ersten Geburtstag darfst du ihm ausschließlich die gekochten, fettarmen Sorten anbieten. Diese sind für dein Baby geeignet und liefern ihm wertvolles Eisen. Zu den gekochten Sorten gehören ungewürzter Kochschinken, milder Bratenaufschnitt und Geflügelaufschnitt. Auch wenn verarbeitete Wurst gut schmeckt, solltest du wissen, dass ihr Fett- und Salzgehalt sehr hoch ist, weshalb sie auch später nicht täglich aufgetischt werden sollte.

TIPP: Nun beginnt der langsame Übergang zum Familientisch! Dein Baby darf immer mehr Produkte von deinem Teller probieren und wird dir auch signalisieren, wenn es etwas haben möchte. Biete ihm auf jeden Fall eine möglichst breite Palette an Geschmäckern und Konsistenzen an, um seinen Geschmackssinn zu schulen. Spätestens ab jetzt solltet ihr (Eltern und ältere Geschwister) euch daran gewöhnen, euer Essen erst am Tisch zu würzen. So wirst du nicht jeweils eine extra Portion für dein Baby vorbereiten müssen, sondern ihr könnt als Familie alle dasselbe essen.

Saisonkalender

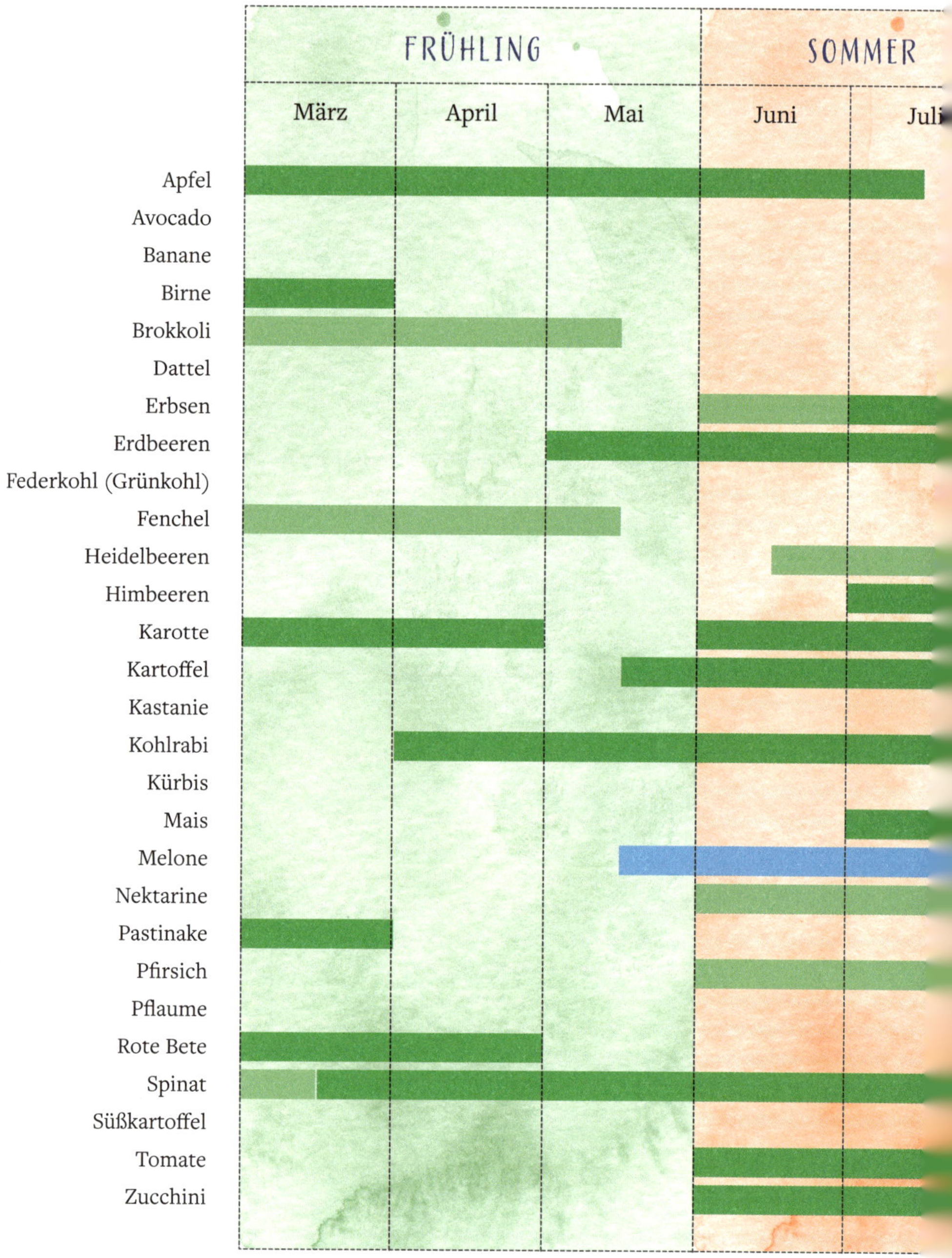

Früchte und Gemüse aus der Region.

Früchte und Gemüse aus Regionen des nahen Auslands.

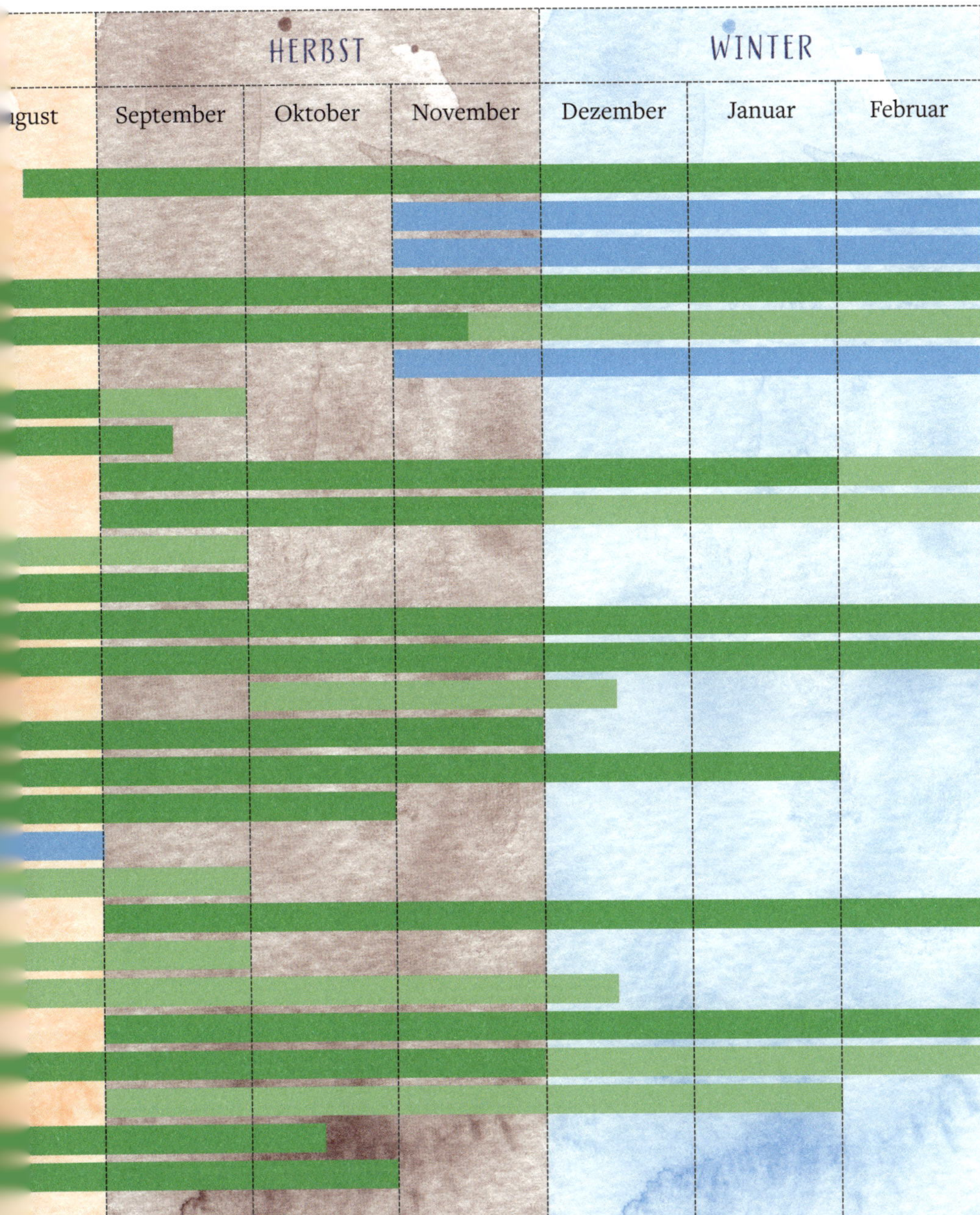

Früchte und Gemüse aus entfernteren Regionen des Auslands, die zu einer ausgewogenen Ernährung beitragen können.

Fragen & Antworten

Ab wann dürfen Babys Wasser trinken?

Viele Eltern fragen sich, ab wann und wie viel Flüssigkeit (zusätzlich zur Muttermilch) ihr Baby bekommen soll. Eine Faustregel besagt, dass du deinem Baby ab drei Beikostmahlzeiten pro Tag zusätzlich Wasser oder ungesüßten Tee anbieten solltest. Doch wie viel soll dein Baby trinken? Eine genaue Angabe ist hier schwierig, denn viele Babys mögen Wasser nicht oder lehnen es zumindest anfänglich ab. Wichtig ist, dass du deinem Baby immer wieder Wasser anbietest. Dein Baby wird selbst entscheiden, wie viel es trinken mag und muss. An heißen Sommertagen oder wenn dein Baby Fieber hat oder erkältet ist oder im Herbst und Winter, wenn die trockene Heizungsluft dein Baby durstig macht, darf es auch mal mehr Wasser als üblich sein. Wie auch bei den Erwachsenen gibt der Urin des Babys Aufschluss über den Flüssigkeitsbedarf. Ist der Urin dunkelgelb statt weiß oder strohfarben und hat dein Baby weniger als fünf nasse Windeln am Tag, könnte es dehydriert, also »ausgetrocknet«, sein. Auch ein sehr harter Stuhl ist ein Zeichen dafür, dass es mehr Flüssigkeit benötigt! Ob dein Baby aus einer Trinklernflasche oder direkt aus einem Becher trinken soll, ist dir überlassen. Viele Fachpersonen, besonders Zahnärzte, raten von einem Trinklernbecher ab, da die unnatürliche Zungenbewegung zu einer Deformation des Kiefers führen könnte.

Dürfen Babys Leitungswasser trinken?

In Deutschland, Österreich und der Schweiz wird das Leitungswasser einer strengen Kontrolle unterzogen, sodass dein Baby unbesorgt davon trinken darf. Nicht empfohlen wird das Leitungswasser in alten Gebäuden, wo die Leitungen oft noch aus Blei sind. Ebenfalls ungeeignet sind neue Leitungen aus Kupfer, denn das Wasser aus diesen Leitungen weist oft einen erhöhten Metallanteil auf. Frage, wenn du nicht sicher bist, am besten bei deiner Stadtverwaltung nach oder lass bei dir zu Hause eine Trinkwasseranalyse durchführen. Wichtig ist auf jeden Fall, dass du das Wasser aus der Leitung zuerst lange laufen lässt, bevor du es für dein Baby abfüllst.

Welche Getränke eignen sich für das Baby?

Ungesüßter Tee und Wasser eignen sich am besten für dein Baby. Wechsle zwischen verschiedenen Bio-Tees ab; besonders geeignet sind Fenchel, Melisse, Lindenblüten, Hagebutte und andere Früchtetees. Bei Koliken werden oft Fenchel, Kümmel und Anis eingesetzt, Hagebutte wirkt leicht abführend. Im Regal findest du Instanttees, wovon du aber lieber die Finger lassen solltest. Sie enthalten meist versteckten Zucker, der die Zähne deines Babys angreift. Auch von einer zu frühen Einführung von Säften und Schorlen wird abgeraten, denn dein Baby wird sich an den süßen Geschmack gewöhnen und kein Wasser mehr trinken wollen. Zudem ist die Kombination von Säure und Zucker (Obstsäfte) pures Gift für die Zähne und wirkt extrem kariesfördernd.

Was ist Baby-led Weaning (BLW)?

»Baby-led Weaning« (Deutsch: »Baby gesteuertes Abstillen«), oder einfach Breifreie Beikosteinführung, ist eine relativ neue, alternative Methode zur traditionellen Vorgehensweise mit Brei. Dieser Trend, der immer mehr Anhänger findet, geht zurück auf Gill Rapley aus Großbritannien. In ihrem Buch vertritt sie die Überzeugung, dass das Kind selbst bestimmt, wann und wie viel es essen möchte. Somit beginnt die erste Esserfahrung bereits zusammen am Familientisch. Brei? Wird bei dieser Methode komplett weggelassen. Die Nahrungsaufnahme ist hier eher Nebensache. Vielmehr geht es um das Verhalten der Babys, das Ausprobieren und das Imitieren der Erwachsenen am Tisch. Zu Beginn wird das Baby bei dieser Methode nicht satt, weshalb es im ersten Lebensjahr noch voll gestillt oder mit Milchnahrung versorgt wird. Anders als bei der traditionellen Brei-Methode bietet man BLW-Kindern von Anfang an stückiges Fingerfood an. Gill Rapley geht davon aus, dass Babys schon sehr früh in der Lage sind, selbst zu bestimmen, was ihre Körper benötigen, und sich nur die Sachen nehmen, die sie auch essen können. Das Baby greift also instinktiv nur nach den Lebensmitteln, die es verträgt. Die Selbstbestimmung wird hier groß geschrieben, denn das Kind entscheidet in jeder Lage selbst über seine Ernährung. Ich finde die Vorgehensweise und den Gedanken an sich spannend, bin aber keine Anhängerin dieser Methode. Das selbstständige Essen mit den Händen beginnt in der Regel frühestens ab dem siebten oder achten Monat, weshalb ich einen sanften Übergang von der Milch über den Brei zu festem Essen für sinnvoller halte. Es spricht aber absolut nichts gegen eine gesunde Mischung von Brei und Fingerfood!

Ab wann darf das Essen für das Baby gewürzt werden?

Beikost sollte bis zum ersten Geburtstag gar nicht gewürzt werden, außer mit Kräutern wie Petersilie. Insbesondere gilt diese Regel für scharfe Gewürze wie Paprika, Curry oder Pfeffer. Salz kannst du im ersten Lebensjahr ebenfalls vom Speiseplan streichen. Du schaffst nämlich mit der Salzzugabe unnötig schlechte Essgewohnheiten. Eine Studie in Australien fand kürzlich heraus, dass Kinder, die schon im Babyalter Salz im Brei bekamen, im Erwachsenenalter dazu neigen, sehr großzügig mit dem Salzstreuer umzugehen. Eine Vorliebe für Salz ist nämlich keineswegs angeboren. Babys mögen nicht unbedingt Salziges und benötigen bis zum ersten Lebensjahr nur sehr geringe Mengen in Form von geriebenem Käse oder Brot. Wenn dein Baby ab etwa dem zehnten Lebensmonat vom Elterntisch mitessen möchte, lohnt es sich, die Speisen weiterhin eher fad zu halten. Die Erwachsenen können ihre Portion am Tisch nachwürzen. Ab dem ersten bis zum dritten Geburtstag wird eine tägliche Salzmenge von etwa 2 g empfohlen.

Kann statt Kuhmilch oder Getreidedrinks auch Muttermilch für den Brei verwendet werden?

Ja, du kannst problemlos zum Beispiel für den Abendbrei deine eigene Muttermilch verwenden. Wichtig dabei ist zu wissen, dass deine Milch nicht aufgekocht oder stark erhitzt werden, sondern lediglich aufgewärmt werden darf. Kocht die Milch, gehen alle wertvollen Nährstoffe darin verloren. Deshalb verwendest du für den mit Muttermilch zubereiteten Brei am besten Instantflocken. Diese Flocken sind so konzipiert, dass sie nicht gekocht werden, sondern lediglich aufquellen müssen. Wenn du für den Abendbrei aber grobkörnige Getreideflocken verwenden möchtest, solltest du Kuhmilch oder eine pflanzliche Alternative wählen. Diese Getreideflocken müssen nämlich mehrere Minuten köcheln.

Darf der Brei in der Mikrowelle erwärmt werden?

Babybrei, der eingefroren war, darf in der Mikrowelle erwärmt werden. Dabei gehen nicht mehr Nährstoffe verloren als beim Erhitzen im Kochtopf. Was man allerdings beachten sollte, ist, dass der Brei nach dem Erwärmen in der Mikrowelle gut umgerührt werden muss. Da die Mikrowelle das Essen jeweils sehr unregelmäßig aufwärmt, besteht die Gefahr, dass manche Stellen noch kalt, andere dafür aber brennend heiß sind.

Ist Bio-Gemüse besser für das Baby?

Je jünger ein Baby ist, desto empfindlicher reagiert es auf Schadstoffe. Biologisch angebaute Produkte weisen nahezu keine Pflanzenschutzmittel auf und sind somit gesünder für dein Baby. Leider ist Bio aber nicht gleich Bio. Kaufst du Bio-Gemüse aus Spanien, so enthält dieses, unter anderem durch den langen Transportweg, nicht mehr viele Nährstoffe. Am besten wäre auch hier, direkt beim Bauern zu kaufen oder, noch besser, das Gemüse im eigenen Garten anzubauen!

Bio-Gemüse enthält laut der Diätverordnung des Verbraucherschutzministeriums weniger Nitrat als konventionell angebaute Gemüsesorten. Vor allem in Spinat, Karotten und Roter Bete steckt viel Nitrat, das sich beim Verdauungsprozess oder bei falscher Lagerung durch Bakterien in giftiges Nitrit umwandelt. Nitrit ist an sich noch kein Gift, kann aber im menschlichen Organismus großen Schaden anrichten. Nitrit wandelt den roten Blutfarbstoff Hämoglobin in Methämoglobin um. Dieser kann im Gegensatz zu Hämoglobin keinen Sauerstoff binden, um diesen in die Gewebe zu transportieren. Dies führt zu Sauerstoffmangel und kann im schlimmsten Fall zu einem inneren Ersticken führen. Für Babys kann eine zu hohe Nitrataufnahme also gefährliche Konsequenzen wie eine Unterversorgung des Blutes mit Sauerstoff nach sich ziehen. Deshalb solltest du auf alle Fälle, wenn immer möglich, auf heimische Bio-Produkte setzen. In fertigen Breigläschen steckt fast ausschließlich Bio-Gemüse drin, ansonsten könnten die Hersteller die strengen amtlichen Vorschriften gar nicht einhalten. Heimisches Obst und Gemüse ist in der Regel ebenfalls gesünder als importierte Ware. In Bananen, die ja bei uns nicht wachsen, werden immer noch Pflanzenschutzmittel nachgewiesen, die hierzulande längst verboten sind!

Gilt die Bio-Regel auch für Milchprodukte, Fleisch, Fisch und Eier?

Ja und nein. Bio-Milch unterscheidet sich in der Nährstoffzusammensetzung von konventionell hergestellter Milch. Sie enthält in der Regel mehr Omega-3-Fettsäuren und Vitamin E sowie Beta-Carotin. Wichtig ist einfach, dass du bei der Milchwahl immer pasteurisierte Ware kaufst. Rohmilch ist wegen der darin enthaltenen Keime für dein Baby absolut verboten. Beim Fleisch wählst du immer ein mageres Stück aus, und weil viele Tiere mit Hormonen belastet sind, lohnt es sich auch hier, auf Bio-Qualität zu setzen – sofern der Geldbeutel mitspielt. Selbst wenn in der EU in der Regel keine Hormone eingesetzt werden dürfen, gibt es immer noch Tierhalter, die sich nicht an die Vorschriften halten. Dies ist übrigens leider auch bei Bio der Fall. Generell gilt: Frische Eier in Bio-Qualität sind gesünder für dein Baby. Bio-Eier werden zum Beispiel nicht unnötig mit Farbstoffen vollgepumpt, damit das Eigelb schöner leuchtet, was bei vielen konventionellen Eiern der Fall ist. Du solltest aber auch darauf achten, dass das Ei frisch ist, denn bei alten Eiern können sich Keime wie Salmonellen viel schneller ausbreiten. Im Zweifelsfall kaufst du deine Ware also am besten direkt beim Bauern.

Ob du letztendlich Bio-Milch, Bio-Fleisch oder Bio-Eier kaufst, ist nebst den Gesundheitsaspekten auch eine Frage deines Konsumverhaltens und Budgets. Möchtest du eine medikamentenfreie Tierhaltung, also eine antibiotikafreie Tierfütterung unterstützen, so kaufst du lieber Bio und, wenn möglich, heimische Produkte (aus der Schweiz oder der EU).

Wie lange lässt sich Brei im Kühlschrank aufbewahren

Am besten bereitest du den Brei täglich frisch zu. Wenn dir aber die Zeit dafür fehlt, kannst du selbst gemachten Brei, sofern er schnell abgefüllt, verschlossen und abgekühlt wurde, zwei Tage lang an der kühlsten Stelle des Kühlschranks aufbewahren. Meist befindet sich diese Stelle direkt oberhalb des Gemüsefaches. Solltest du mehr als drei Portionen vorbereiten, frierst du den Rest ein. Das Ganze wird ohnehin weniger kompliziert, sobald dein Baby etwa acht Monate alt ist. Dann ist der Magen deines Babys weniger empfindlich als zu Beginn der Breieinführung.

Darf es auch mal Tiefkühlware sein?

Ja! Tiefgekühltes Gemüse kann manchmal sogar sehr praktisch sein. Hast du etwa vergessen, frisches Grünzeug zu kaufen, so lassen sich ein paar tiefgekühlte Brokkoliröschen prima für den Brei einsetzen. Brokkoli, Erbsen sowie Früchte wie Aprikosen, Zwetschgen und Beeren in Bio-Qualität eignen sich auch tiefgekühlt hervorragend für die Babyküche. Wichtig ist, dass der mit Tiefkühlgemüse zubereitete Brei nicht nochmals eingefroren wird. Denn durch das Auftauen, Aufwärmen und erneute Einfrieren gehen viele wertvolle Vitamine verloren. Da marktfrisches Obst und Gemüse in Bio-Qualität immer noch das Beste für dein Baby ist, sollten Tiefkühlprodukte nur die zweite Wahl sein.

Dürfen Babys vegetarisch ernährt werden?

Immer mehr Eltern wollen ihre Kinder aus ideologischen Gründen oder wegen des Umweltschutzes vegetarisch ernähren. Es gibt viele Formen von vegetarischer Ernährung: Vegan heißt frei von allen tierischen Produkten, ovo-lacto-vegetarisch schließt Milch und Ei ein, Lacto-Vegetarier konsumieren Milchprodukte, und dann gibt es noch die sogenannte fleischlose Ernährung, bei der nur auf Fleisch verzichtet wird. Weil der Trend immer mehr dahin geht, dass sich Familien fleischlos ernähren wollen, haben Wissenschaftler mögliche Alternativen erarbeitet. Leider werden diese oft nur theoretisch begründet, weil im Gegensatz zur Mischkost (Ernährung mit Fleisch) bisher noch beinahe keine Daten zur allgemeinen Nährstoffversorgung und Ernährungspraxis bei vegetarisch ernährten Kindern vorliegen. Die primäre Empfehlung von Wissenschaftlern des Forschungsinstituts für Kinderernährung (FKE) lautet nach wie vor: eine gesunde Mischkost, die auch Fleisch enthält.

Unmittelbar nach der Geburt und während der Stillzeit sind die Eisenspeicher des Babys noch voll. Doch bald danach leeren sich diese Speicher, und spätestens mit der Einführung der Beikost muss eine ausreichende Eisenaufnahme für das Baby gewährleistet werden. Nie wieder wird dein Baby im Verhältnis zu seinem Körpergewicht so viel Eisen benötigen wie in den ersten beiden Lebensjahren. Aus diesem Grund wird in den konventionellen Beikostplänen relativ schnell der Fleisch-Gemüse-Kartoffel-Brei eingeführt. Für vegetarisch ernährte Kinder empfehlen Experten des FKE auf jeden Fall die Beigabe von Vitamin-C-reichem Obstsaft zu jedem Getreidebrei. Nur so können die Kinder annähernd so viel Eisen im Körper aufnehmen wie diejenigen, die ausgewogen mit Fleisch und Fisch ernährt werden. Solltest du in Erwägung ziehen, dein Baby vegan zu ernähren, musst du unbedingt Rücksprache mit Kinderarzt und Ernährungsexperten halten. Experten zufolge kann eine vegane Ernährung nur in enger Begleitung von Ärzten und durch die Gabe von Nährstoffsupplementen funktionieren. Da das Vitamin B12 ausschließlich in tierischen Lebensmitteln wie Fisch oder Ei enthalten ist, wird unter anderem oft dieses Vitamin ersetzt. Wenn man das richtig macht, kann es gut gehen. Wenn nicht, kann die vegane Ernährung beim Kind langfristige Schäden nach sich ziehen. Informiere dich also gründlich, bevor du dich dafür entscheidest. Die Schweizerische Gesellschaft für Ernährung (SGE) betont, dass das Risiko eines Mangels sich erheblich erhöht, wenn ganze Lebensmittelgruppen (dazu gehören Fleisch, Milchprodukte und andere) gemieden werden.

Welche Lebensmittel helfen bei Verstopfung?

Viele Babys haben durch die Umstellung auf Beikost mit Verstopfung zu kämpfen. Dann sollten folgende Lebensmittel gemieden werden: Karotten, Bananen, rohe Äpfel.

Helfen können hingegen folgende Lebensmittel und Tricks: Pastinaken, Kürbis, Birnen, Fenchel, Hirse, gemahlene Leinsamen.

Wichtig ist aber vor allem, dass dein Baby genügend Flüssigkeit zu sich nimmt. Mache den Brei an diesen Tagen etwas flüssiger, indem du einfach mehr Wasser dazugibst, und gib deinem Baby reichlich Wasser zu trinken. Fencheltee hilft manchen Babys ebenfalls bei leichter Verstopfung. Eine kleine Bauchmassage vor dem Schlafengehen schadet auch nie. Sorge für eine entspannte Atmosphäre, leg dein Baby auf den Wickeltisch, reibe deine Hände aneinander, damit sie warm werden. Nun machst du mit deinen Händen sanfte Kreisbewegungen im Uhrzeigersinn unterhalb des Bauchnabels deines Babys. Mit dem Daumen lassen sich die Kreisbewegungen besonders gut machen.

Welche Lebensmittel verursachen einen wunden Po?

Für die Verdauung deines Babys stellt die Umstellung auf Beikost eine große Herausforderung dar. Deshalb ist es nicht selten der Fall, dass Babys auf gewisse Lebensmittel mit einem wunden Po reagieren. In der Regel sind dies meist säurehaltige Lebensmittel, wie Beeren, Orangen und generell Zitrusfrüchte sowie Tomaten und Paprika. Damit du erkennen kannst, worauf dein Baby mit einem geröteten Po reagiert, ist es wichtig, dass die Lebensmittel einzeln und nacheinander eingeführt werden. Bei einem wunden Po hilft nur eins: häufiges Windelwechseln und in schlimmen Fällen die Behandlung der wunden Stellen mit einer Zinkcreme. Aber Achtung: Nicht immer hängt ein wunder Po mit dem Essen zusammen. Viele Babys weisen beim Zahnen eine ähnliche Reaktion auf.

Rezepte

Allerersten Gemüsebrei

MITTAG

Isst dein Baby heute zum ersten Mal Brei? Dann empfiehlt es sich, die ersten paar Tage nur ein Gemüse zu einem Brei zu verarbeiten. In dieser Phase gewöhnt sich dein Baby nämlich zum ersten Mal an eine neue Konsistenz und an die einzelnen Geschmäcker. Für den Anfang empfehlen viele Experten, darunter auch Kinderärztinnen, die Karotte zu wählen. Wissenschaftliche Untersuchungen haben aber ergeben, dass Babys häufig unter Verstopfung leiden, wenn sie zu viel Karotte bekommen. Wir haben den ersten Brei für Yuna mit Kürbis zubereitet, und dieser kam wunderbar bei ihr an. Du wirst sehr wahrscheinlich trotzdem einen großen Unterschied in der Verdauung merken. Sobald sich dein Baby aber an die Breimahlzeiten gewöhnt hat, wird die Verdauung wieder in Schwung kommen und sanfter ablaufen.

GRUNDREZEPT

1 PORTION
30 MINUTEN

100 g Gemüse
1 TL Lein- oder Rapsöl

GEEIGNETE GEMÜSESORTEN
Kürbis, Karotte, Zucchini, Kohlrabi, Pastinake

So wird's gemacht!

1. Das Gemüse gut waschen, schälen und in kleine Würfel schneiden. Die Stückchen in einem Topf mit Wasser etwa 20 Minuten dünsten oder im Dämpfeinsatz dämpfen. Wichtig ist, dass der Deckel aufgelegt wird, damit das Gemüse nährstoffschonend im Wasserdampf gart.

2. Sobald das Gemüse weich ist, den Topf von der Herdplatte nehmen und das Gemüse mit etwas Kochwasser zu einem homogenen Brei pürieren. Anfangs sollte der Brei eher dünnflüssig sein, damit das Baby ihn besser schlucken kann. Das Öl kurz vor dem Verzehr unter den Brei mischen.

3. Den Brei frisch servieren, im Kühlschrank maximal zwei Tage gut verschlossen aufbewahren oder in Einzelportionen einfrieren.

TIPP: Beim allerersten Brei solltest du dir zunächst keine Gedanken über die Menge machen, die dein Baby isst. Es kann sehr gut sein, dass es schon nach einem Löffel den Kopf wegdrehen wird.

Gemüse-Kartoffel-Brei

MITTAG

Wenn dein Baby den ersten Gemüsebrei mehrere Tage lang isst, ohne sich dabei zu verschlucken, und es sich an die neue Konsistenz gewöhnt hat, kannst du nun einen Schritt weiter gehen und eine Kartoffel hinzufügen. Die darin enthaltene Stärke wird dein Baby länger satt machen. Für Babys eignen sich zu Beginn die mehligkochenden Sorten, denn diese sind geschmeidiger und lassen sich prima mit der Gabel zerdrücken.

1 PORTION
30 MINUTEN

100 g Gemüse
1 kleine Kartoffel (50 g)
1 TL Lein- oder Rapsöl

GEEIGNETE GEMÜSESORTEN
Kürbis, Karotte, Zucchini, Kohlrabi, Pastinake

So wird's gemacht!

1. Das Gemüse und die Kartoffel gut waschen, schälen und in kleine Würfel schneiden. Die Stückchen in einem Topf mit Wasser etwa 20 Minuten weich dünsten oder im Dämpfeinsatz dämpfen. Den Deckel dabei immer auf den Topf setzen, damit das Gemüse und die Kartoffel nährstoffschonend im Wasserdampf garen.

2. Zur Kontrolle kurz mit einem Messer in die Kartoffelwürfel stechen: Wenn sie weich sind, den Topf von der Herdplatte nehmen und alles zusammen mit etwas Kochwasser und dem Öl zu einem geschmeidigen Brei pürieren. Der Brei darf nun etwas dickflüssiger sein.

3. Den Brei frisch servieren, im Kühlschrank maximal zwei Tage gut verschlossen aufbewahren oder in Einzelportionen einfrieren.

Getreide-Milchbrei

ABEND

Inzwischen ist dein Baby etwa sechs Monate alt und verspeist am Mittag jeweils eine ganze Portion Gemüse-Kartoffel-Brei. Nun kannst du langsam anfangen, auch die Milchmahlzeit am Abend zu ersetzen. In der Regel lieben Babys diese Mahlzeit, da die Kombination aus Vollmilch und Getreide oft mild, süß und nussig im Geschmack ist. Für eine optimale Nährstoffaufnahme solltest du dem Abendbrei jeweils 1 Esslöffel Obstsaft oder Obstpüree beigeben. Vor dem Schlafengehen bekommt dein Baby immer noch Muttermilch oder ein Fläschchen mit Säuglings- oder Folgemilch. Im Supermarkt gibt es fertige Milchbreie, in denen bereits Milchpulver enthalten ist. Dem Milchbrei musst du lediglich warmes Wasser beifügen. Für unterwegs eignet sich eine solche Fertigmischung gut. Wenn du aber Zeit hast und zu Hause bist, lohnt es sich, das folgende Rezept zu befolgen. Die Mengenangabe der Getreideflocken variiert in der Regel zwischen 20 g und 40 g. Je nach Sorte nehmen die Getreide mehr oder weniger Flüssigkeit auf. Deshalb solltest du auf der Packung nachlesen, wie viel von der jeweiligen Getreidesorte abgewogen werden soll.

ACHTUNG: Der Getreide-Milchbrei muss vor jeder Mahlzeit frisch zubereitet werden. Er eignet sich nicht zum Vorauskochen oder zum Einfrieren.

1 PORTION
10 MINUTEN

200 ml Vollmilch
20–40 g Instant-getreideflocken
1 EL Obstsaft oder -püree

GEEIGNETE GETREIDESORTEN

Hirseflocken, Reisflocken, Grießflocken, Mehrkornflocken, Dinkelflocken

GEEIGNETE OBSTSORTEN

Apfel, Birne, Banane

So wird's gemacht!

1. Die Milch in einem kleinen Topf kurz erwärmen, dann auf etwa 45 Grad abkühlen lassen.

2. In einem Schälchen die Instantgetreideflocken bereitstellen, die warme Milch sowie Obstsaft oder Obstpüree hinzufügen und alles gut zusammenrühren, bis sich ein geschmeidiger Brei bildet.

3. Den Brei frisch zubereitet servieren.

Allererstes Obstpüree

NACHMITTAG

Dieser süße Snack überbrückt die langen Stunden zwischen Mittagessen und Abendessen und liefert deinem Baby zusätzliche Energie. Je nach Appetit musst du diese Zwischenmahlzeit vorher oder nachher noch mit Muttermilch, Säuglings- oder Folgemilch ergänzen. Für das Obstpüree eignen sich am besten heimische Bio-Äpfel oder -Birnen.

TIPP: Birnen helfen, die Verdauung zu regulieren, und eignen sich deshalb besonders gut für Babys, die zu hartem Stuhl neigen.

GRUNDREZEPT

1 PORTION
20 MINUTEN

100 g Obst

GEEIGNETE OBSTSORTEN
Apfel, Birne

So wird's gemacht!

1. Das Obst waschen, schälen, entkernen und in kleine Stücke schneiden. Die Stücke in einen Topf mit etwas Wasser geben, den Deckel auflegen und das Obst etwa 15 Minuten weich garen. Auch hier eignet sich ein Dämpfeinsatz prima für eine schonende Garmethode.

2. Sobald das Obst weich ist, den Topf von der Herdplatte nehmen und das Obst fein pürieren.

3. Das Obstpüree schmeckt am besten, wenn es frisch zubereitet wurde. Du kannst es aber auch in Einzelportionen einfrieren oder bis zu zwei Tage im Kühlschrank aufbewahren.

TIPP: Für unterwegs kannst du auch mal eine reife Banane mit einer Gabel fein zerdrücken. Aber Vorsicht, manche Babys reagieren auf Bananen mit Verstopfung!

Obst-Getreidebrei

NACHMITTAG

Dein Baby wird nun immer aktiver, und somit steigt auch sein Kalorienbedarf. Nach dem vollendeten sechsten Monat kannst du mit diesem sättigenden Obst-Getreidebrei die Milchmahlzeit am Nachmittag komplett ersetzen. Das energiespendende Getreide wird dein Baby bis zum Abendessen satt halten.

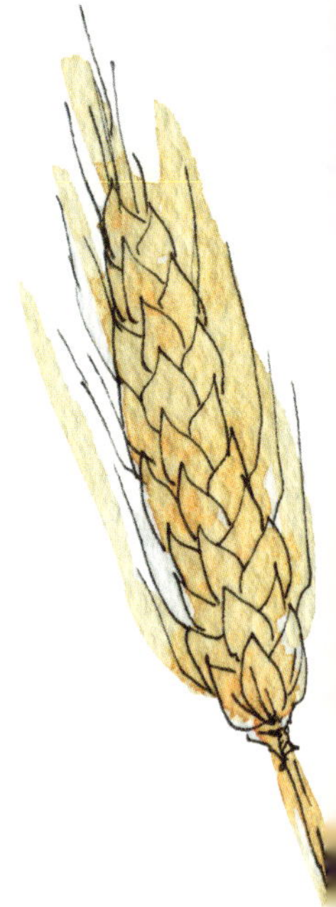

GRUNDREZEPT

1 PORTION
10 MINUTEN

100 ml Wasser
20 g Getreideflocken
100 g Obstpüree

GEEIGNETE OBSTSORTEN

Apfel, Birne, Banane

GEEIGNETE GETREIDESORTEN

Hirse, Reis, Hafer, Dinkel, Weizen

So wird's gemacht!

1. Das Wasser in einen kleinen Topf geben und zusammen mit den Getreideflocken aufkochen, bis sich eine geschmeidige Masse bildet. Den Herd ausschalten und den Brei auf der ausgeschalteten Platte kurz ziehen lassen. Wenn du Instantflocken verwendest, musst du diese nicht aufkochen, sondern lediglich in heißem Wasser kurz quellen lassen.

2. Das Obstpüree zusammen mit dem Getreide in ein Schälchen geben und gut mischen.

ACHTUNG: Der Obst-Getreidebrei sollte vor jeder Mahlzeit frisch zubereitet werden, da das Getreide beim Abkühlen sehr fest wird. Er eignet sich also nicht zum Vorauskochen oder zum Einfrieren. Für unterwegs unbedingt in einem Thermobecher transportieren, damit der Brei warm bleibt.

Porridge mit Obstpüree

FRÜHSTÜCK

Ab dem siebten Monat kannst du deinem Baby nach der ersten morgendlichen Milchmahlzeit im Verlauf des Vormittags ein reichhaltiges Frühstück anbieten. Da ich mir selbst fast jeden Morgen ein Porridge mit leckeren Toppings zubereite, wollte ich, unter anderem auch aus Gründen der Zeitersparnis, unserer Kleinen dasselbe servieren.

TIPP: Leidet dein Baby unter Verstopfung? Dann kannst du ein wenig gemahlene Leinsamen statt Haferkleie in das Porridge geben.

GRUNDREZEPT

1 PORTION
10 MINUTEN

1 EL (ca. 10 g) Vollkorngetreideflocken
1–2 TL Haferkleie
150 ml Wasser oder Getreidedrink
1 EL Obstpüree
1 TL Lein- oder Rapsöl

GEEIGNETE OBSTSORTEN

Apfel, Birne, Pflaume, Heidelbeeren, Erdbeeren, Pfirsich, Nektarine. Banane und Melone können roh gegessen werden.

GEEIGNETE GETREIDEFLOCKEN

Hirseflocken, Haferflocken, Vollkornhaferflocken, Dinkelflocken, Reisflocken

So wird's gemacht!

1. In einem kleinen Topf die Getreideflocken und die Haferkleie zusammen mit dem Wasser oder Getreidedrink aufkochen, bis das Getreide schön weich ist und das Porridge eine dickflüssige, klebrige Konsistenz hat. Bei Bedarf mehr Flüssigkeit hinzufügen.

2. Den Topf vom Herd nehmen. Obstpüree und Öl untermengen und das Porridge frisch zubereitet und warm servieren.

Porridge mit Toppings

FRÜHSTÜCK

Porridge, auch Haferbrei genannt, klingt nach einer eher geschmacklosen Pampe, aber da täuschst du dich! Porridge lässt sich nämlich extrem abwechslungsreich zubereiten. Mal ein anderes Getreide und hin und wieder ein neues Obstpüree oder eine Milchalternative, und schon hat dein Baby ein völlig neues Geschmackserlebnis. Sei also kreativ und denke dir immer wieder neue Kombinationen der vielen verschiedenen Alternativzutaten aus. Für dein Baby eignen sich Toppings wie Cashewmus, Mandelmus, Tahini (Sesampaste), Chiasamen und Joghurt.

TIPP: Für dich selbst kannst du natürlich noch ganz andere Toppings draufgeben. Meine Lieblingstoppings sind: karamellisierte Mandeln, Kakaosplitter, Erdnussbutter, pochierte Zimt-Zwetschgen, in Kokosöl gebratene Bananen, Zimt, Vanillemark, dunkle Schokolade, Quinoapops und geröstete Nüsse.

GRUNDREZEPT

1 PORTION
10 MINUTEN

1 EL (ca. 10 g) Vollkorngetreideflocken
1–2 TL Haferkleie
150 ml Wasser oder Getreidedrink
1 EL Obstpüree
1 TL Cashewmus oder Tahini
1 TL ungezuckerter Naturjoghurt
1 TL Lein- oder Rapsöl

GEEIGNETE OBSTSORTEN

Apfel, Birne, Pflaume, Heidelbeeren, Erdbeeren, Pfirsich, Nektarine

Banane und Melone können roh gegessen werden.

GETREIDEFLOCKEN-VARIANTEN

Hirseflocken, Haferflocken, Vollkornhaferflocken, Dinkelflocken, Reisflocken

So wird's gemacht!

1. In einem kleinen Topf die Getreideflocken und die Haferkleie zusammen mit dem Wasser oder dem Getreidedrink aufkochen, bis das Getreide schön weich ist und das Porridge eine dickflüssige, klebrige Konsistenz hat. Bei Bedarf mehr Flüssigkeit hinzufügen.

2. Den Topf vom Herd nehmen und das Porridge zusammen mit Obstpüree, Cashewmus oder Tahini, Joghurt und Öl frisch zubereitet und warm servieren.

Veganer Gemüse-Kartoffel-Getreide-Brei

MITTAG

Dein Baby bekommt jetzt bestimmt hin und wieder etwas Fingerfood. Motiviert und voller Elan wird es auf den Häppchen »herumkauen« und dir den Eindruck verschaffen, dass es wie ein großer Mensch essen und schlucken kann. Dieser Anschein täuscht aber, und das Beherrschen von Fingerfood heißt noch lange nicht, dass dein Baby bereit ist für stückigen, grobkörnigen Brei. Dieser sollte also immer noch relativ fein püriert werden. Ansonsten wirst du höchstwahrscheinlich eine Spuckattacke in alle Himmelsrichtungen erleben.

Möchtest du dein Baby vegetarisch ernähren, solltest du dem Brei immer etwas Vitamin-C-reichen Obstsaft beifügen. Der Körper deines Babys wird das im Getreide enthaltene Eisen so besser aufnehmen können. Zu den eisenreichen Getreideflocken gehören Hirse- und Haferflocken.

GRUNDREZEPT

1 PORTION
30 MINUTEN

100 g Gemüse
1 kleine Kartoffel (50 g)
1 EL Getreideflocken (Hirse- oder Haferflocken)
1 TL Lein- oder Rapsöl
2 EL Obstsaft

GEEIGNETE GEMÜSESORTEN

Zucchini, Kürbis, Kohlrabi, Pastinake, Karotte, Süßkartoffel, Brokkoli, Fenchel, Spinat. Außerdem verträgt dein Baby jetzt auch Spargel, Artischocken und Tomaten.

So wird's gemacht!

1. Das Gemüse und die Kartoffel gut waschen, schälen und in kleine Würfel schneiden. Die Stückchen in einem Topf mit Wasser etwa 20 Minuten weich dünsten oder im Dämpfeinsatz dämpfen. Den Deckel dabei immer auf den Topf setzen, damit das Gemüse nährstoffschonend im Wasserdampf garen kann.

2. Zur Kontrolle kurz mit einem Messer in die Kartoffelwürfel stechen: Wenn sie weich sind, den Topf von der Herdplatte nehmen und alles zusammen mit den Getreideflocken und etwas Kochwasser zu einem geschmeidigen Brei pürieren.

3. Das Öl und den Obstsaft untermengen.

4. Den Brei frisch servieren, im Kühlschrank maximal zwei Tage gut verschlossen aufbewahren oder in Einzelportionen einfrieren.

Veganer Gemüsebrei mit Nudeln oder Reis

MITTAG

Kartoffeln liefern im Vergleich zu anderen stärkehaltigen Zutaten wie Reis oder Nudeln die meisten Nährstoffe. Das heißt aber auf keinen Fall, dass du dich nur auf die Kartoffel beschränken musst. Reis und Nudeln sind eine super Abwechslung für dein Baby und gelten in vielen Ländern sogar als wichtige Grundnahrungsmittel. Am besten wählst du Vollkornnudel- und -reissorten aus. Diese beliefern dein Baby mit mehr Nährstoffen, Ballaststoffen und haben einen höheren Vitamingehalt. Dinkelnudeln sind ebenfalls sehr lecker und gesund.

1 PORTION
30 MINUTEN

20 g Nudeln oder Reis, ungekocht
120 g Gemüse
1 TL Lein- oder Rapsöl
2 EL Obstsaft

GEEIGNETE GEMÜSESORTEN
Zucchini, Kürbis, Kohlrabi, Pastinake, Karotte, Süßkartoffel, Brokkoli, Fenchel, Spinat, Tomaten, Spargel, Artischocken. Außerdem verträgt dein Baby jetzt auch Tomaten, Spargel und Artischocken.

So wird's gemacht!

1. Die Nudeln oder den Reis nach Packungsanweisung in Wasser kochen und anschließend das Wasser abgießen. Alternativ einen Reiskocher verwenden.

2. Das Gemüse gut waschen, schälen und in kleine Würfel schneiden. Die Stückchen in einem Topf mit Wasser etwa 20 Minuten weich dünsten oder im Dämpfeinsatz dämpfen. Tiefkühlgemüse wird in der Regel kurz vor Ende der Kochzeit in den Topf gegeben.

3. Den Topf vom Herd nehmen und das Gemüse zusammen mit den Nudeln oder dem Reis fein pürieren.

4. Das Öl und den Obstsaft untermengen.

5. Den Brei frisch servieren, im Kühlschrank maximal zwei Tage gut verschlossen aufbewahren oder in Einzelportionen einfrieren.

Fisch-Gemüse-Kartoffel-Brei

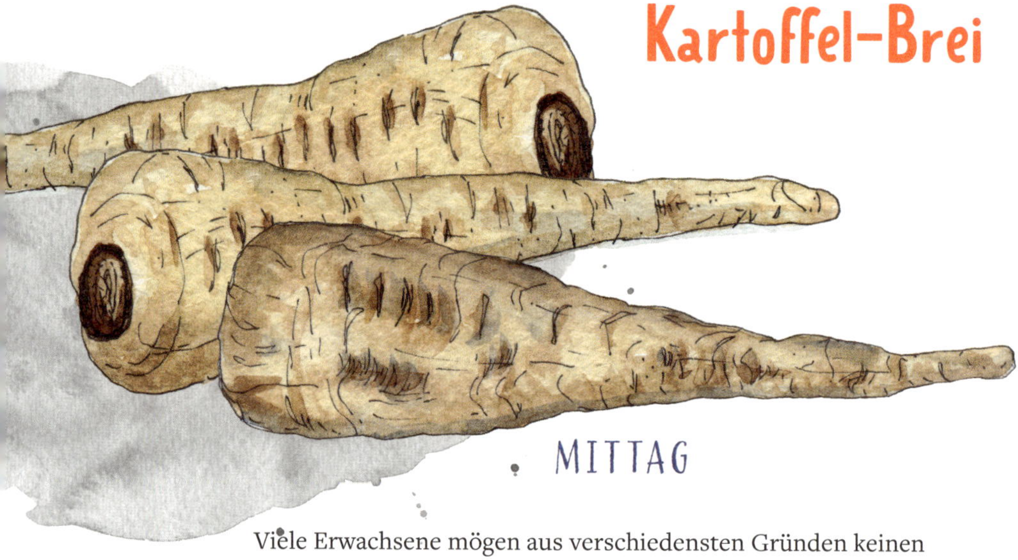

MITTAG

Viele Erwachsene mögen aus verschiedensten Gründen keinen Fisch. Dies bedeutet aber nicht, dass auch das Baby automatisch keinen Fisch mögen wird. Auch wenn du keinen Fisch isst, sollte er etwa zweimal in der Woche auf dem Speiseplan deines Babys stehen. Fisch ist ein äußerst wichtiger Lieferant von Omega-3-Fettsäuren, die eine gesunde Entwicklung von Gehirn, Nervensystem und Sinnesorganen (besonders der Netzhaut) unterstützen.

GRUNDREZEPT

1 PORTION
30 MINUTEN

20 g Fischfilet
100 g Gemüse
1 kleine Kartoffel (50 g)
1 TL Lein- oder Rapsöl

GEEIGNETE GEMÜSESORTEN

Zucchini, Kürbis, Kohlrabi, Pastinake, Karotte, Süß-kartoffel, Brokkoli, Fenchel, Spinat, Spargel, Artischocke, Tomate

GEEIGNETE FISCHSORTEN

Lachs, Kabeljau, Rotbarsch, Seelachs, Hering, Makrele

So wird's gemacht!

1. Den Fisch mit kaltem Wasser abspülen, mit einem Küchentuch abtupfen und in kleine Würfelchen schneiden.

2. Das Gemüse und die Kartoffel gut waschen, schälen und in kleine Würfel schneiden. Die Stückchen in einem Topf mit Wasser etwa 20 Minuten weich dünsten oder im Dämpfeinsatz dämpfen. 10 Minuten vor Ende der Garzeit den Fisch beifügen. Darauf achten, dass der Fisch vor dem Pürieren wirklich gar ist!

3. Den Topf von der Herdplatte nehmen und alles zusammen mit etwas Kochwasser und dem Öl zu einem feinen Brei pürieren.

4. Den Brei frisch servieren, im Kühlschrank maximal zwei Tage gut verschlossen aufbewahren oder in Einzelportionen einfrieren.

TIPP: Gedünstete Fischstückchen eignen sich auch prima als Fingerfood, denn sie sind in der Regel weich und zart.

Fleisch-Gemüse-Kartoffel-Brei

MITTAG

Eisen ist die wichtigste Komponente in diesem Brei. Der Eisenspeicher deines Babys wird langsam aufgebraucht, der Eisenbedarf steigt also. Auch Getreide enthält viel Eisen, aber der Körper deines Babys kann das Eisen aus tierischen Produkten besser aufnehmen. Deshalb sollte dieser Fleischbrei bis zu fünfmal in der Woche auf dem Speiseplan deines Babys stehen.

TIPP: Beim Metzger das Fleisch in Einzelportionen vakuumieren lassen. Die Portionen zu Hause einfrieren und vor dem Garen auftauen.

GRUNDREZEPT

1 PORTION
30 MINUTEN

So wird's gemacht!

20 g mageres Fleisch
1 kleine Kartoffel (50 g)
100 g Gemüse
1 TL Lein- oder Rapsöl
2 EL Obstsaft

GEEIGNETE GEMÜSESORTEN

Zucchini, Kürbis, Kohlrabi, Pastinake, Karotte, Süßkartoffel, Brokkoli, Fenchel, Spinat, Spargel, Artischocke, Tomate

GEEIGNETE FLEISCHSORTEN

Kalb, Rind, Schwein, Lamm, Geflügel

1. Das Fleisch mit kaltem Wasser abspülen, mit einem Küchentuch abtupfen und in kleine Würfelchen schneiden.

2. Das Gemüse und die Kartoffel gut waschen, schälen und in kleine Würfel schneiden. Die Fleisch-, Kartoffel- und Gemüsewürfel in einem Topf mit Wasser etwa 20 Minuten weich dünsten oder im Dämpfeinsatz dämpfen. Das Fleisch darf auf keinen Fall noch roh oder blutig sein, denn darin können sich schädliche Keime verstecken, die schlecht für das Baby sind!

3. Den Topf von der Herdplatte nehmen und alles zusammen mit etwas Kochwasser, dem Öl und dem Obstsaft zu einem feinen Brei pürieren.

4. Den Brei frisch servieren, im Kühlschrank maximal zwei Tage gut verschlossen aufbewahren oder in Einzelportionen einfrieren.

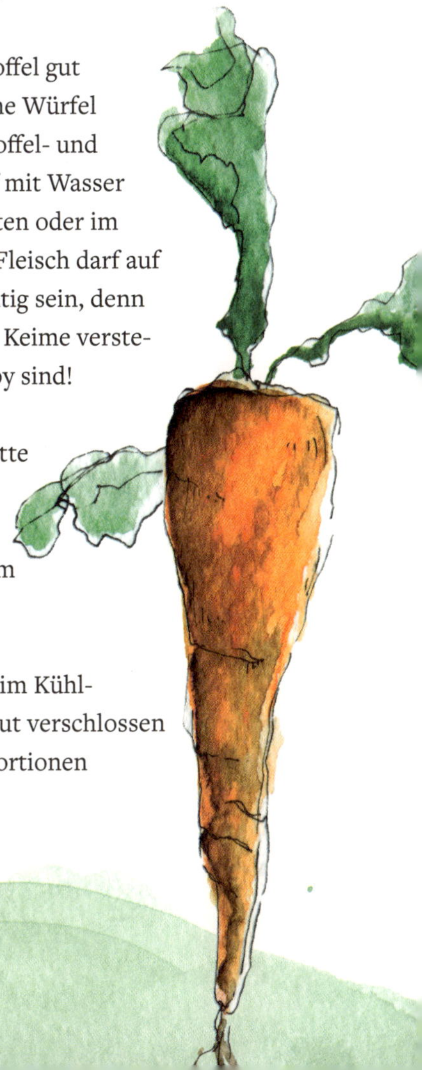

Fisch-Gemüse-Reis-Brei

MITTAG

Wenn man nicht gerade am Meer wohnt, ist es manchmal ganz schön schwierig, guten, frischen Fisch zu bekommen. In diesem Fall würde ich tiefgekühlten Bio-Fisch aus nachhaltigem Fischfang (MSC-Siegel) dem »frischen« Fisch von der Theke vorziehen. Warum? Der gefrorene Fisch wird direkt nach dem Fang schockgefroren und ist somit quasi fangfrisch.

GRUNDREZEPT

1 PORTION
30 MINUTEN

So wird's gemacht!

20 g Vollkornreis, ungekocht gewogen
20 g Fischfilet
100 g Gemüse
1 TL Lein- oder Rapsöl

GEEIGNETE GEMÜSESORTEN

Zucchini, Kürbis, Kohlrabi, Pastinake, Karotte, Süßkartoffel, Brokkoli, Fenchel, Spinat, Spargel, Artischocke, Tomate

GEEIGNETE FISCHSORTEN

Lachs, Kabeljau, Rotbarsch, Seelachs, Hering, Makrele

1. Den Reis nach Packungsanweisung in Wasser kochen und anschließend das Wasser abgießen. Alternativ einen Reiskocher verwenden.

2. Den Fisch mit kaltem Wasser abspülen, mit einem Küchentuch abtupfen und in kleine Würfel schneiden.

3. Das Gemüse gut waschen, schälen und ebenfalls in kleine Würfel schneiden. Die Stückchen in einem Topf mit Wasser etwa 20 Minuten weich dünsten oder im Dämpfeinsatz dämpfen. 10 Minuten vor Ende der Garzeit den Fisch beifügen. Darauf achten, dass der Fisch vor dem Pürieren wirklich gar ist!

4. Den Topf von der Herdplatte nehmen und alles zusammen mit etwas Kochwasser und dem Öl zu einem feinen Brei pürieren.

5. Den Brei frisch servieren, im Kühlschrank maximal zwei Tage gut verschlossen aufbewahren oder in Einzelportionen einfrieren.

Spaghetti-Bolognese-Brei

MITTAG

Anders als bei frischen Tomaten werden Dosentomaten erst zur vollen Reife geerntet. Danach werden sie umgehend verarbeitet und verlieren somit kaum wertvolle Inhaltsstoffe.

TIPP: Für den Geschmackskick kannst du den Spaghettibrei mit einem halben Teelöffel Käse verfeinern! Folgende Käsesorten eignen sich gut: Hüttenkäse, Frischkäse, Ricotta, Gouda oder Cheddar.

GRUNDREZEPT

1 PORTION
30 MINUTEN

30 g Vollkornnudeln, ungekocht
20 g mageres Rinderhackfleisch
100 g Dosentomaten
1 TL Lein-, Rapsöl oder Butter

So wird's gemacht!

1. Die Nudeln nach Packungsanweisung in reichlich Wasser kochen, danach in einem Sieb abtropfen lassen.

2. Das Rinderhackfleisch zusammen mit den Dosentomaten in einer erhitzten Pfanne etwa 20 Minuten köcheln lassen.

3. Die Pfanne von der Herdplatte nehmen und die Sauce zusammen mit den Nudeln und dem Öl oder der Butter zu einem feinen Brei pürieren.

4. Den Brei frisch servieren, im Kühlschrank maximal zwei Tage gut verschlossen aufbewahren oder in Einzelportionen einfrieren.

Babys Lieblingskombinationen!

Nachfolgend findest du einige leckere Kombinationsideen für den Mittagsbrei:

Zucchini-Kartoffel-Brei mit Kabeljau

Süßkartoffel-Apfel-Brei mit Huhn

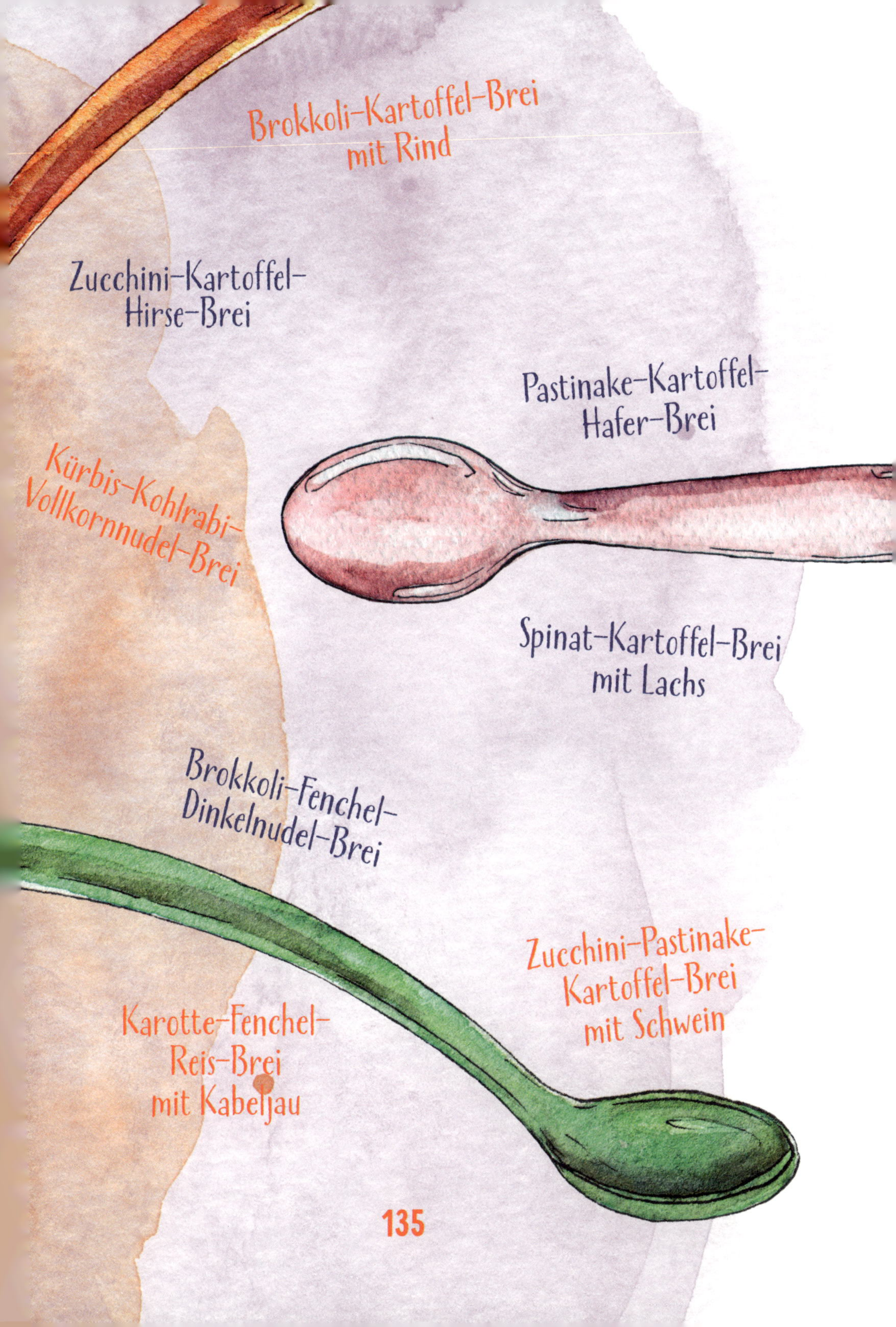
Brokkoli-Kartoffel-Brei mit Rind
Zucchini-Kartoffel-Hirse-Brei
Pastinake-Kartoffel-Hafer-Brei
Kürbis-Kohlrabi-Vollkornnudel-Brei
Spinat-Kartoffel-Brei mit Lachs
Brokkoli-Fenchel-Dinkelnudel-Brei
Zucchini-Pastinake-Kartoffel-Brei mit Schwein
Karotte-Fenchel-Reis-Brei mit Kabeljau

Milchreis mit Obstsauce

FRÜHSTÜCK ODER NACHMITTAGSSNACK

Ab etwa dem neunten Monat kannst du deinem Baby vermehrt Fingerfood anbieten. Viele Babys wollen selbst mit ihren Händen vom eigenen Teller essen, andere finden es immer noch toll, gefüttert zu werden. Gehört dein Baby zu denjenigen, die lieber gefüttert werden, so kannst du ihm mit diesem leckeren Menü eine Abwechslung im Geschmack und in der Konsistenz bieten. Milchreis kommt bei den meisten Babys sehr gut an und ist perfekt als Frühstück, süße Hauptspeise oder Snack. Nun verträgt dein Baby auch ungekochtes Obst. Die Obstsauce kannst du also ganz einfach mit frisch püriertem Obst zubereiten.

2 EL Milchreis (ca. 30 g)
160 ml Getreidedrink oder Vollmilch
70 g Obst
1 TL Butter

GEEIGNETE OBSTSORTEN

Apfel, Birne, Pflaume, Heidelbeeren, Erdbeeren, Pfirsich, Brombeeren, Himbeeren, Nektarine, Kirschen. Auch exotische Früchte wie Banane, Kiwi oder Mango kannst du deinem Baby hin und wieder in einer Obstsauce anbieten.

So wird's gemacht!

1. Den Reis zusammen mit dem Getreidedrink oder der Milch in einen kleinen Topf geben und bei geringer Hitze sanft köcheln lassen. Hin und wieder umrühren, damit sich der Reis nicht ansetzt.

2. Während der Milchreis weiter vor sich hin köchelt, das Obst waschen, wenn nötig entkernen oder schälen und mit einem Pürierstab fein pürieren.

3. Der Milchreis ist fertig, wenn die Milch vollständig aufgesogen und der Reis weich ist. Den fertigen Milchreis von der Herdplatte nehmen, die Butter unterrühren, die Obstsauce darüber verteilen und warm servieren.

TIPP: Abends keine rohe Obstsauce verwenden, sondern zum Beispiel ein wenig gekochtes Apfelmus mit Zimt.

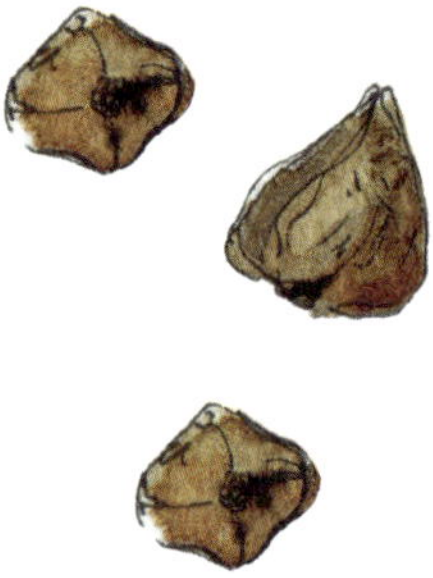

Bananen-Buchweizen-Pancakes

FRÜHSTÜCK

Diese kleinen Pancakes, die dein Baby selbstständig mit den Fingern zum Mund führen wird, sind ein idealer Snack für zwischendurch oder eine tolle Ergänzung zum Frühstücks-Porridge. Buchweizen ist glutenfrei und hat einen nussigen Geschmack, den viele Babys mögen.

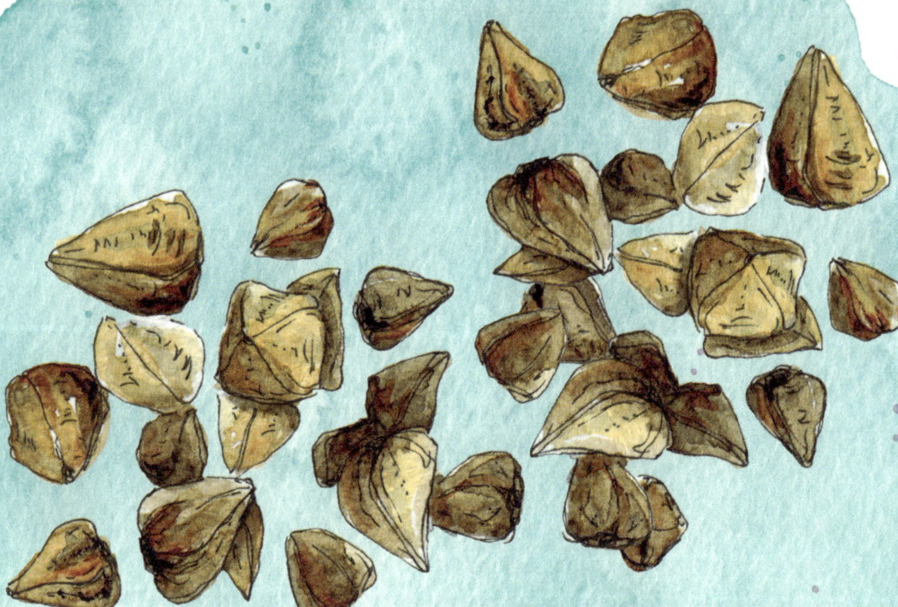

GRUNDREZEPT

1 PORTION
20 MINUTEN

So wird's gemacht!

½ reife Banane
1 Ei
1 EL Buchweizenmehl
Butter zum Anbraten

1. Die Banane in einem Schüsselchen mit einer Gabel zerdrücken, bis keine größeren Stückchen mehr sichtbar sind.

2. Erst das Ei und danach das Mehl zufügen und die Zutaten zu einem dickflüssigen Pancaketeig zusammenrühren.

3. In einer beschichteten Pfanne Butter bei mittlerer Hitze erhitzen. Wenn die Butter heiß ist, jeweils etwas Teig hineingeben und Pancakes beidseitig goldbraun ausbacken.

TIPP: Wenn dein Baby ein Jahr als ist, kannst du dem Teig ½ TL Backpulver beigeben. So werden die Pancakes fluffiger!

Mini-Gemüse-Ei-Muffins

FRÜHSTÜCK ODER BEILAGE ZUM ABENDESSEN

Hier hast du ein perfektes Rezept, um Reste zu verwerten. Steht noch gegartes Gemüse vom Vortag im Kühlschrank? Bevorzugt dein Baby statt süßer Snacks herzhafte Zwischenmahlzeiten? Dann sind diese kleinen Muffins ideal und im Nu zubereitet!

TIPP: Für das Tüpfelchen auf dem i ein bisschen geriebenen Käse über die Ei-Gemüse-Mischung streuen, bevor du die Muffins in den Ofen schiebst!

GRUNDREZEPT

6 MINI-MUFFINS
20 MINUTEN

50 g Gemüse, gekocht
¼ TL Knoblauchpulver
2 TL Rapsöl
1 Ei

GEEIGNETE GEMÜSESORTEN

Für dieses Rezept eignen sich alle Gemüsesorten, die sich nach dem Kochen mit einer Gabel leicht zerdrücken lassen: Brokkoli, Zucchini, Karotte, Süßkartoffel, Pastinake, Erbsen, Kartoffel, Blumenkohl, Spinat. Auch zart gegartes Fleisch oder Fisch kannst du hinzufügen.

So wird's gemacht!

1. Den Ofen auf 170 Grad (Umluft) vorheizen und eine Mini-Muffinform bereitstellen: Silikonformen nicht einfetten, Blech-Muffinformen mit Rapsöl einfetten oder Papier-Muffinförmchen verwenden.

2. In einer kleinen Schüssel mit einer Gabel das gegarte Gemüse zusammen mit dem Knoblauchpulver, dem Öl und dem Ei zerdrücken.

3. Die Mischung gleichmäßig in sechs Mini-Muffinformen einfüllen und im vorgeheizten Ofen etwa 15 Minuten backen. Kurz abkühlen lassen, dann auftischen.

ÜBRIGENS: Dieses Gericht lässt sich auch als Omelette in der Bratpfanne zubereiten. Dazu wenig Öl erhitzen, Ei-Mischung hineingeben und beidseitig goldbraun backen.

Hafer-Chia-Bananen-Kekse

FRÜHSTÜCKSBEILAGE ODER NACHMITTAGSSNACK

Drei Zutaten allein genügen, um diese wunderbar leckeren und gesunden Kekse zu backen! Das Grundrezept lässt sich zudem prima mit weiteren Zutaten aufpeppen.

TIPP: Abends keine Zeit zum Kochen? Unsere Kleine isst abends auch gern die Reste des Frühstücks, wie etwa Pancakes mit Joghurt, French Toast oder Dinkelbrotstückchen mit Frischkäse oder Hummus. Ideal sind Gerichte, die mild im Geschmack sind und sich sanft auf die Verdauung auswirken. Keine gute Wahl sind rohe Früchte.

GRUNDREZEPT

4 KLEINE PLÄTZCHEN
20 MINUTEN

½ reife Banane
2 EL Vollkornhaferflocken
1 TL Chiasamen

ZUM AUFPEPPEN
Zimt, in kleine Würfel geschnittene getrocknete Äpfel; getrocknete Cranberrys oder Rosinen (10 Min. in Wasser eingeweicht)

So wird's gemacht!

1. Den Backofen auf 170 Grad (Umluft) vorheizen.

2. Die halbe Banane in einer kleinen Schüssel mit einer Gabel zerdrücken, bis keine Stückchen mehr zu sehen sind. Die Haferflocken und die Chiasamen untermischen und die Mischung anschließend mit einem Löffel auf einem mit Backpapier ausgelegten Backblech zu kleinen, runden Plätzchen formen.

3. Die Kekse 15–20 Minuten im Backofen backen, danach kurz auf einem Kuchengitter auskühlen lassen.

Zwieback-Obst-Brei

NACHMITTAGSSNACK

Ein weiteres bei Babys sehr beliebtes Rezept ist der Zwieback-Obst-Brei. Auch diese Zwischenmahlzeit lässt sich im Handumdrehen vorbereiten und ist ein idealer Energielieferant für den Nachmittag.

GRUNDREZEPT

1 PORTION
10 MINUTEN

So wird's gemacht!

1–2 Scheiben Vollkornzwieback (zuckerfrei)
kochendes Wasser
100 g Obstpüree

GEEIGNETE OBSTSORTEN

Aprikose, Pfirsich, Nektarine, Pflaume, Apfel, Banane, Birne, Erdbeeren, Himbeeren, Brombeeren, Heidelbeeren

1. Den Zwieback vierteln und in ein Schälchen legen. Das kochende Wasser über den Zwieback gießen und diesen kurz aufquellen lassen.

2. Sobald sich alle Stückchen vollgesogen haben, das Obstpüree darüber verteilen.

3. Den Brei frisch und warm servieren.

Smoothie

FRÜHSTÜCKSBEILAGE ODER NACHMITTAGSSNACK

Zum Frühstück oder als kleine Zwischenmahlzeit eignen sich Smoothies wunderbar. Gerade im Winter, wenn die Auswahl an frischen Früchten gering ist, lassen sich Smoothies schnell mit gefrorenen Früchten zubereiten. Als optimalen Sattmacher fügst du den Früchten und der Milch noch einen Esslöffel Getreide hinzu. Hierfür eignen sich Sorten wie Hafer, Hirse, Weizen, Reis und Dinkel. Damit der Smoothie nicht zu süß wird, kannst du nach Bedarf etwas Gemüse beifügen.

TIPP: Das Obst kannst du einzeln portioniert im Tiefkühlfach aufbewahren. Auftauen ist nicht unbedingt nötig; wer dies dennoch tun möchte, nimmt das Obst am Abend vorher heraus und lässt es im Kühlschrank langsam auftauen.

GRUNDREZEPT

1 BECHER
5 MINUTEN

So wird's gemacht!

70 g frisches oder tiefgekühltes Obst und Gemüse
120 ml Milch nach Wahl
1 TL Cashewmus
1 gehäufter EL Instantflocken

GEEIGNETE OBST- UND GEMÜSESORTEN

Aprikose, Pfirsich, Nektarine, Pflaume, Apfel, Banane, Birne, Erdbeeren, Himbeeren, Brombeeren, Heidelbeeren, Rote Bete, Avocado, Kürbis, Karotte, Süßkartoffel, frischer Spinat, Federkohl

1. Das Obst und Gemüse waschen, nach Bedarf schälen und entkernen und danach in kleine Würfel schneiden.

2. Das Obst und Gemüse zusammen mit der Milch, dem Cashewmus und den Getreideflocken in einen Mixer füllen oder alles fein mit einem Pürierstab pürieren.

3. Den Smoothie in einen Becher umfüllen und ganz frisch servieren.

LECKERE KOMBINATIONEN

Erdbeer-Banane-Hirse
Heidelbeer-Himbeer-Rote Bete-Hafer
Aprikosen-Karotten-Dinkel
Avocado-Spinat-Apfel-Hirse

Linsen-Dal

MITTAG

Gegen Ende des ersten Lebensjahres darf dein Baby langsam an den Geschmack von Gewürzen gewöhnt werden. So eignet sich dieses Gericht besonders gut für einen milden Einstieg in die asiatische Küche.

TIPP: Dal ist besonders lecker in Kombination mit Reis oder Fladenbrot!

GRUNDREZEPT

1 PORTION
30 MINUTEN

2 TL Rapsöl
1 TL gehackte Zwiebel
50 g rote Linsen, roh
2 Prisen indische Gewürze (z. B. Garam Masala)
2 EL Dosentomaten
2 EL Kokosmilch aus der Dose

So wird's gemacht!

1. In einem kleinen Topf das Öl auf mittlerer Hitze erhitzen und darin die gehackten Zwiebeln andünsten. Die roten Linsen und die Gewürze dazugeben und kurz mitdünsten.

2. Die Dosentomaten beigeben und mit etwas Wasser bedecken, sodass die Linsen in reichlich Flüssigkeit vor sich hin garen können.

3. Wenn die Linsen weich sind und die Flüssigkeit aufgesogen ist, die Kokosmilch beigeben, unterrühren und warm servieren.

Kürbis-Risotto

MITTAG ODER ABEND

Ein ideales Gericht für Groß und Klein! Dieses Rezept lässt sich ganz einfach verdoppeln oder verdreifachen und für die ganze Familie zubereiten. Die Eltern und die älteren Geschwister würzen den Risotto einfach am Tisch nach.

GRUNDREZEPT

1 PORTION
30 MINUTEN

30 g Risottoreis (Rundkorn)
180 ml Wasser
100 g Kürbispüree (Vorgehen wie beim Allerersten Gemüsebrei, Seite 108)
1 TL Butter
1 TL geriebener Käse

GEEIGNETE GEMÜSESORTEN
Erbsen, Fenchel, Spinat, Karotte, Süßkartoffel, Tomate, Zucchini, Brokkoli, Federkohl

So wird's gemacht!

1. Den Reis mit dem Wasser in einen Topf geben und bei mittlerer Hitze etwa 20 Minuten köcheln lassen. Zwischendurch umrühren, damit sich der Reis nicht ansetzt.

2. Das Kürbispüree hinzufügen und kurz vor dem Servieren die Butter und den Käse unterrühren.

TIPP: Je nach Reissorte ist die Garzeit länger oder kürzer. Wichtig ist, dass der Reis schön weich und die Flüssigkeit vollständig aufgesogen ist. Wer noch etwas Fleisch dazugeben möchte, kann dies gern tun. Hierzu kocht man etwa 30 g in Würfel geschnittenes Fleisch zusammen mit dem Reis.

Nudeln mit Tomaten-Frischkäse-Sauce

MITTAG ODER ABEND

Nudeln sind bei fast allen Kleinkindern beliebt. Ob mit oder ohne Sauce, Hauptsache Pasta! In diesem Rezept liefert der cremige Frischkäse einen perfekten Ausgleich zu den säurehaltigen Tomaten. Wer noch mehr Gemüse in die Sauce schmuggeln möchte, kann die Dosentomaten mit vorab gedünstetem Gemüse pürieren. Karotten und Zucchini schmecken in dieser Kombination besonders gut.

TIPP: Tomaten aus der Dose schmecken oftmals süßer als frische Tomaten, da sie sehr reif geerntet und direkt weiterverarbeitet werden.

GRUNDREZEPT

1 PORTION
20 MINUTEN

80 g Dosentomaten
1 TL Rapsöl
30 g kleine Nudeln (Buchstaben o. Ä.)
1 EL Frischkäse oder Hüttenkäse

So wird's gemacht!

1. Die Tomaten mit dem Rapsöl in einem Topf bei niedriger Hitze köcheln lassen. Anschließend pürieren oder mit einer Gabel fein zerdrücken.

2. In der Zwischenzeit in einem kleinen Topf Wasser aufkochen und die Nudeln nach Packungsanweisung darin garen.

3. Das Wasser abgießen und die Nudeln zusammen mit der Tomatensauce und dem Frisch- oder Hüttenkäse servieren.

Gemüse-Kartoffel-Puffer

MITTAG ODER ABEND

Wenn dein Baby jetzt bereits gern selbstständig mit den Händen isst, die Koordination, um einen Löffel selbst zum Munde zu führen, aber leider noch fehlt, wirst du dich über dieses Grundrezept freuen. Es ist ein perfekter Resteverwerter und lässt sich in vielen verschiedenen Variationen zusammensetzen. Wenn du dich nicht nur auf Gemüse beschränken willst, kannst du sogar Fleisch oder Fisch beifügen.

GRUNDREZEPT

1 PORTION
20 MINUTEN

So wird's gemacht!

1 kleine Kartoffel (50 g), gekocht
100 g Gemüse, gekocht
1 Ei
wenig Knoblauchpulver
2 TL Rapsöl

GEEIGNETE GEMÜSESORTEN

Kürbis, Erbsen, Fenchel, Spinat, Karotte, Süßkartoffel, Zucchini, Brokkoli, Federkohl, Blumenkohl, Pastinake, Mais

1. Die Kartoffeln und das Gemüse in eine kleine Schüssel geben und mit einer Gabel gut zerdrücken.

2. Das Ei und das Knoblauchpulver hinzufügen und gut vermengen.

3. Das Öl in einer mittelgroßen beschichteten Pfanne erhitzen und die Gemüse-Kartoffel-Ei-Mischung darin mit einem Löffel zu kleinen runden Plätzchen formen. Bei mittlerer Hitze beidseitig goldbraun ausbacken.

TIPP: Als Dip schmeckt Naturjoghurt mit gehackter Petersilie wunderbar!

Gemüse-Couscous mit Hackfleisch

MITTAG ODER ABEND

Hast du gewusst, dass Hackfleisch vom Supermarkt streng hygienisch unter Schutzatmosphäre maschinell verpackt wird? Dadurch ist die Gefahr der Verunreinigung so gering, dass das Hack bedenkenlos für die Babyküche eingesetzt werden kann. Wähle für dein Baby immer die Varianten mit wenig Fett, denn das Eisen steckt im wertvollen Muskelfleisch und nicht etwa im Fett.

TIPP:
Wer kein Couscous mag, kann dieses Menü mit anderen Getreidesorten zubereiten. Besonders gut schmecken Quinoa, Bulgur, Weizenkörner und Hirse.

GRUNDREZEPT

1 PORTION
20 MINUTEN

100 ml Wasser
50 g Gemüse
30 g Hackfleisch
30 g Couscous
2 TL Lein- oder Rapsöl
2 EL Orangensaft

GEEIGNETE GEMÜSESORTEN

Kohlrabi, Pastinake, Kürbis, Erbsen, Fenchel, Spinat, Karotte, Süßkartoffel, Zucchini, Brokkoli, Federkohl, Blumenkohl, Tomate, Mais

So wird's gemacht!

1. Das Wasser in einen Topf geben und einmal aufkochen lassen.

2. Das Gemüse waschen, schälen, in kleine Würfelchen schneiden und zusammen mit dem Fleisch und dem Couscous in dem Wasser etwa 10 Minuten köcheln lassen.

3. Immer wieder umrühren, damit nichts anbrennt. Das Gericht ist fertig, wenn das Wasser vollständig aufgesogen und das Gemüse weich ist.

4. Vor dem Servieren das Öl untermengen, dann den Orangensaft beigeben. Das Vitamin C fördert die Eisenaufnahme!

Süßkartoffel-Apfel-Puffer mit Huhn

MITTAG ODER ABEND

Äpfel werden in Restaurants nicht nur als Nachspeise, sondern immer öfter auch in Kombination mit herzhaften Speisen serviert. Da Babys häufig eine Vorliebe für Süßes haben, bietet sich dieses Rezept besonders gut für Gemüse- und Fleischmuffel an.

TIPP: Schmeckt super mit Apfelmus als Dip!

GRUNDREZEPT

1 PORTION
30 MINUTEN

So wird's gemacht!

1 kleine Süßkartoffel (100 g)
30 g Apfel
30 g Hühnerbrustfilet
1 Ei
2 TL Sesamöl

1. Die Süßkartoffel und den Apfel waschen, schälen und in kleine Würfel schneiden. Das Hühnerbrustfilet ebenfalls waschen und mit einem Küchenpapier trocken tupfen. Alles in einen Topf geben, mit Wasser bedecken, einen Deckel aufsetzen und bei mittlerer Hitze etwa 20 Minuten köcheln lassen.

2. Den Topf von der Herdplatte nehmen und alles mit einem Kartoffelstampfer leicht zerdrücken. Das Ei beifügen und mit einem Löffel gut vermengen.

3. Das Sesamöl in einer beschichteten Pfanne erhitzen. Die Süßkartoffel-Apfel-Huhn-Mischung mit dem Löffel zu kleinen Plätzchen formen und in der Pfanne beidseitig goldbraun ausbacken.

Asiatische Gemüse-Reis-Bällchen mit Schwein

MITTAG ODER ABEND

Dank dem klebrigen Sushi-Reis kannst du diese Bällchen ganz einfach mit den Händen zu kleinen Kugeln formen. Gemüse und Fleisch verleihen dem Gericht Farbe, Geschmack sowie wichtige Nährstoffe. Selbst für unterwegs eignen sich die Bällchen prima, denn sie schmecken auch kalt super!

GRUNDREZEPT

1 PORTION
30 MINUTEN

30 g Hackfleisch (z.B. Schwein)
50 g Gemüse
60 g Sushi-Reis, gekocht
2 TL Sesamöl

So wird's gemacht!

1. Das Gemüse klein hacken und zusammen mit dem Hackfleisch in einer beschichteten Bratpfanne mit dem Sesamöl anbraten. Wenn dein Kind älter als zwölf Monate ist, kannst du dem Gemüse eine Prise Salz oder ½ TL Sojasauce beifügen.

2. Das Gemüse, das Fleisch und den warmen Reis in eine kleine Schüssel geben und gut vermengen.

3. Mit den Fingern zu kleinen Bällchen formen und warm oder kalt servieren.

TIPP: Ersetze das Fleisch einfach durch Tofu, wenn du dein Baby fleischlos ernährst!

Gemüse-Hummus-Aufstrich

BROTAUFSTRICH ODER DIP FÜR FINGERFOOD

Diesen leckeren Aufstrich kannst du sehr vielseitig einsetzen: als Dip für weiche Gemüsesticks, als Aufstrich für Brote, Knäckebrote, Reiswaffeln oder Gemüsetaler, oder einfach so zum Löffeln. Fügst du Rote Bete hinzu, wird der Aufstrich pink. Mit Süßkartoffeln und Kürbis verfärbt er sich orange und mit Avocado natürlich grün!

GRUNDREZEPT

1 PORTION
10 MINUTEN

100 g Kichererbsen aus der Dose
30 g Gemüse, gekocht
1 TL Tahini (Sesampaste)
2 EL Orangensaft
2 TL Olivenöl
Wasser zum Verdünnen

GEEIGNETE GEMÜSESORTEN

Rote Bete, Süßkartoffel, Kürbis, Avocado

So wird's gemacht!

Alle Zutaten zusammen mit dem Pürierstab zu einem feinen Aufstrich pürieren. Nach Bedarf etwas Wasser dazugeben.

Dank

Beim Verfassen dieses Buches lag es mir von Anfang an besonders am Herzen, die Meinungen verschiedener Experten einzuholen. Freundlicherweise haben sich mehrere Gesundheitsexperten bereit erklärt, mein Manuskript durchzulesen und den gesamten Inhalt dieses Buches sorgfältig zu prüfen. Sie haben viel Zeit investiert und mir wertvolles Feedback gegeben. Dafür danke ich ihnen allen sehr herzlich:

Dr. med. Paul Hasters, FMH Kinder- und Jugendmedizin/ Neonatologie
Dr. med. vet. Malin Olson Sarbajic, Expertin für Ernährung bei Mensch und Tier
Frau Sandra Eugster, Mütter- und Väterberatung Stadt Zürich
Frau Christine Eleftheriadis, Ernährungs- und Lebensmittelwissenschaftlerin
Frau Alina Parker, Lebensmitteltechnologin

Es war mir zudem wichtig, dass sich die Fakten, insbesondere betreffend gesundheitliche Aspekte, an die Empfehlungen verschiedener verlässlicher Quellen anlehnen und nicht von den allgemeinen Richtlinien abweichen. Aus diesem Grund habe ich zahlreiche Bücher zum Thema konsultiert und Broschüren sowie Publikationen von Forschungsinstituten und Gesundheitsberatungsstellen zurate gezogen.

Weiter möchte ich mich an dieser Stelle von ganzem Herzen bei allen Personen bedanken, die mir beim Schreiben dieses Buches stets zur Seite gestanden sind:

Meinem Mann **Bernard** für die moralische und seelische Unterstützung während der langen Spätschichten sowie an den Wochenenden. Du hast unsere Yuna unzählige Male auf den Spielplatz »entführt«, sodass ich ein paar Stunden in Ruhe schreiben konnte. Du verwöhntest mich immer wieder mit leckeren Smoothies, Kaffee und Snacks am Schreibtisch. Du warst immer für mich da, hast stets einen kühlen Kopf bewahrt und mich motiviert, gerade, wenn ich vor lauter Buchstaben das Buch nicht mehr sah. Danke für alles!

Yuna (14 Monate alt), du hast mich überhaupt erst dazu inspiriert, dieses wunderschöne Buch zu schreiben! Du warst in dieser Zeit mein »Versuchskaninchen« und hast alle Brei- und Fingerfood-Rezepte wohl oder übel über dich ergehen lassen (müssen). Danke, dass du immer noch meine größte Food-Kritikerin bist und dass du stets ehrlich im Kundtun deiner Meinung warst.

Mami, für deine wertvollen Inputs, deine konstruktive Kritik und deine Hilfe beim Brei-Vorbereiten. Aber am meisten danke ich dir für deine grenzenlose Liebe zu Christian, Yuna und mir. Du bist das beste Großmami aller Zeiten! Ohne dich hätte ich das alles nicht geschafft.

Ätti, für das Weitergeben deiner Liebe zum Kochen und deiner Passion für gutes Essen (und Wein). Ohne dich hätte ich womöglich bis heute noch keine Foie Gras und keinen Kaviar degustiert. Danke, dass du mir die große, weite Welt mit all ihren bunten Facetten gezeigt hast.

Christian, du bist und bleibst für immer mein erstes Baby. Danke, dass du mich zu deiner großen Schwester gemacht hast!

Ina, my partner in crime, deine außerordentliche Kreativität und dein unglaubliches künstlerisches Talent haben dieses Buch zu dem gemacht, was es heute ist. Ohne deine hundertprozentige Hingabe, Motivation und stundenlange Arbeit wäre das Buch nur halb so bezaubernd geworden! Danke, dass du jede einzelne Seite des Buches mit deinem Sinn für Ästhetik und deiner Liebe zum Detail bereichert hast.

Liebe Leserin, nun bleibt mir nur noch, dir und deinem Baby das Allerbeste für diese spannende Zeit zu wünschen, und dass ihr unzählige unvergessliche Momente zusammen am Tisch erleben werdet! Halte jeden Schritt gedanklich oder anderweitig fest, und vergiss dabei nicht:

ESSEN IST SO VIEL MEHR ALS NUR DIE ZUFUHR VON NÄHRSTOFFEN!

Autorin und Illustratorin

Nadja Mathis entdeckte als Kind einer Gastro-/Hoteliersfamilie ihr Interesse für das Kochen und Backen schon früh. Nach der Ausbildung zur Grundschullehrerin ging sie ihren beiden Passionen Fotografieren und Kochen nach und zog neben dem Unterrichten einen vielbeachteten Food-Instagram-Account auf. Schließlich verschrieb sie sich ganz der Food-Branche und entwickelte im Foodscout-Team eines Start-ups Rezepte und Menüs. Heute ist sie zurück im Schulzimmer und verbindet seit der Geburt ihrer kleinen Tochter geschickt Pädagogik und Kulinarik. Nadja Mathis lebt mit ihrer Familie in Zürich.

Ina Steden studierte, nach Abstechern in die Kunstgeschichte, Sprachwissenschaften. Sie arbeitet in der Kommunikationsbranche, ist aber vor allem auch als Illustratorin tätig. Ausgerüstet mit Pinseln und Aquarellkasten fängt sie für Privat- und Firmenkunden mit feinem Gespür alle Farben und Schattierungen des Lebens ein. Sie begann früh, sich im künstlerischen Bereich fortzubilden, und entwickelt ihre Fähigkeiten kontinuierlich weiter. Gleichzeitig vermittelt sie ihr Wissen und Können in Workshops. Ina Steden lebt und arbeitet in Zürich.